70 recettes faciles pour débutants

70 recettes faciles pour débutants

EDITIONS ATLAS

Édité par :
Éditions Glénat

Editions Glénat
Couvent Sainte-Cécile
37, rue Servan
38000 Grenoble

Cet ouvrage est une édition partielle de l'encyclopédie « Recettes des copains » publiée par les Editions Atlas, œuvre collective à laquelle ont contribué Emmanuelle Naddeo, directrice de collection et auteur ; Estelle Ditta, Christine Serbource, auteurs.

Crédits photographiques :
Couverture : Roche/ Photocuisine.
Intérieur : Philippe Exbrayat.

Mise en pages et fabrication : Glénat Production.
L'abus d'alcool est dangereux pour la santé. À consommer avec modération.

Achevé d'imprimer en janvier 2014 en Espagne par Indice S.L.
Calle fluvia num. 81-87 Bajos
08019 Barcelone
Le papier utilisé pour la réalisation de ce livre provient de forêts gérées de manière durable.

Dépôt légal : février 2014
ISBN : 978-2-344-00030-4

› Introduction

Pas facile de se lancer en cuisine quand on est débutant. Avec cet ouvrage vous pourrez vous y mettre facilement : des bouchées de courgettes par-ci, une soupe de potimarron par-là, puis un sauté de porc aux pommes, un tian de légumes du soleil, et puis des tartes aux pommes et des fondants au chocolat jusqu'aux célèbres tomates farcies et traditionnelles madeleines et gaufres ! Vous verrez qu'en deux temps trois mouvements ces 70 recettes faciles, accompagnées par des pas à pas, n'auront plus de secrets pour vous !

L'éditeur

Sommaire

Entrées

Aumônières *aux lardons et tomates*

Ingrédients
(pour 4 personnes)

- 5 petites feuilles de brick
- 200 g de lardons
- 2 tomates
- 4 petits fromages de chèvre frais
- 1 oignon
- 30 g de beurre
- huile
- sel, poivre

1 Préchauffez le four à 210 °C (th. 7). Pelez l'oignon, hachez-le et faites-le fondre à la poêle dans un peu d'huile. Ajoutez les lardons.

2 Quand les lardons sont rissolés, versez le contenu de la poêle sur du papier absorbant pour éliminer l'excès de graisse. Faites fondre le beurre dans un bol 1 minute au four à micro-ondes.

3 Étalez les feuilles de brick. Coupez-en une en quatre pour doubler le fond des aumônières. Badigeonnez les quatre feuilles de beurre fondu. Mettez les morceaux de brick au centre.

4 Répartissez les lardons au fond des aumônières. Lavez les tomates, coupez-les en tranches et épépinez-les. Mettez 2 ou 3 tranches de tomate sur les lardons.

5 Mettez le chèvre sur les tomates. Salez et poivrez. Fermez les aumônières comme des bourses et maintenez-les avec deux bâtonnets. Faites-les cuire 10 minutes sur la plaque du four huilée.

› Mon astuce

Si vous utilisez une bûche de chèvre, détaillez-la en tranches assez fines. Étagez-en 2 tranches en alternance avec les tomates. Pour finir, vous pouvez ajouter une pincée d'herbes de Provence.

Préparation : 20 minutes | *Cuisson : 15 minutes* | *Réalisation : très facile* | *Coût : bon marché*

Ces aumônières sont comme des pochettes surprises qui dégagent un fumet de fromage et de lard.

› MON MARCHÉ

Vous trouverez des petits chèvres frais prêts à l'emploi, parfaits pour la cuisson. Vous pouvez aussi prendre une bûche de chèvre coupée en tranches, des pélardons ou des rocamadours, plus goûteux et plus fondants, mais un peu plus chers. Choisissez des tomates charnues, mûres mais fermes, d'un calibre égal ou légèrement supérieur au diamètre des fromages. Utilisez de préférence des petites feuilles de brick d'environ 20 cm de diamètre.

Terrines *de saint-marcellin au Parme*

Ingrédients
(pour 4 personnes)

- 5 saint-marcellin
- 8 tomates confites ou séchées
- 10 tranches de jambon de Parme
- 12 olives vertes dénoyautées
- 2 cuil. à soupe de ciboulette hachée
- 100 g de roquette
- huile d'olive

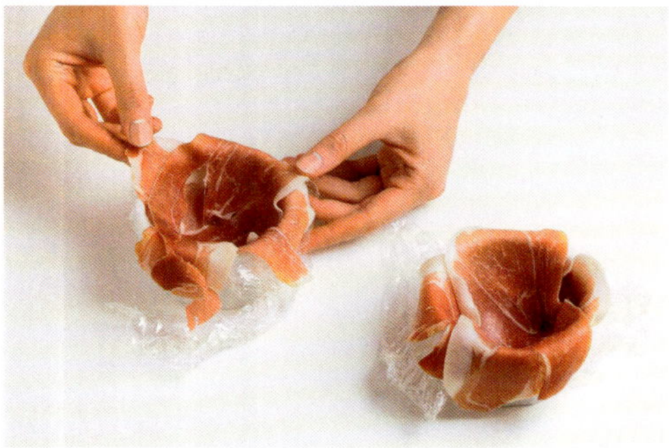

1 Garnissez des ramequins ou des petites cocottes en porcelaine de film alimentaire, tapissez-les de 2 tranches de jambon de Parme en les laissant déborder.

2 Coupez les autres tranches de jambon en morceaux. Hachez les olives. Égouttez les tomates confites et coupez-les en fines lamelles. Si nécessaire, grattez la croûte des fromages.

3 Dans un saladier, écrasez les fromages à la fourchette, ajoutez la ciboulette, les tomates, les olives et le jambon en mélangeant avec une fourchette.

4 Garnissez les ramequins de la préparation au saint-marcellin, tassez avec le dos de la fourchette et rabattez le jambon sur la préparation. Repliez le film alimentaire et mettez au frais.

5 Au moment de servir, démoulez les terrines en les retournant sur des petites assiettes. Entourez-les de feuilles de roquette et arrosez-les d'un filet d'huile d'olive.

› Mon astuce

Présentez vos terrines en mille-feuilles : confectionnez la préparation au fromage avec des morceaux de jambon, les olives, les tomates et la ciboulette. Déposez cette préparation sur un film alimentaire, roulez-la en boudin et mettez-la au réfrigérateur. Coupez les tranches de jambon en trois. Détaillez le fromage en rondelles. Montez les terrines en alternant jambon et fromage en terminant par le jambon.

Préparation : 20 minutes | Cuisson : 3 heures | Réalisation : très facile | Coût : assez cher

Jambon cru et fromage fondant font très bon ménage. Ces petites terrines enrichies de tomates séchées et d'olives donnent à votre repas un air méditerranéen et raffiné.

Mon marché

Vous pouvez utiliser d'autres jambons crus, comme le jambon de Bayonne, coupé très finement, ou un jambon fumé comme le speck. Vous pouvez utiliser du saint-marcellin ou du saint-félicien, fromages onctueux à la croûte fleurie de la même région (Dauphiné), le dernier étant plus gros et plus crémeux.

Beignets *de potimarron*

Ingrédients
(pour 4 personnes)

- 180 g de chair de potimarron
- 80 g de farine
- 2 pincées de muscade
- 1/2 sachet de levure chimique
- 1/2 cuil. à café de sucre
- 2 pincées de sel
- 1 l d'huile d'arachide

1 Dans un saladier, versez la farine et la levure chimique. Ajoutez le sucre et le sel. Remuez intimement.

2 Versez 10 cl d'eau dans le saladier, puis fouettez afin d'obtenir une pâte lisse. Râpez la chair du potimarron avec une râpe et ajoutez-la à la pâte. Mélangez et assaisonnez de muscade.

3 Faites chauffer l'huile dans une sauteuse ou une bassine à friture. Pendant ce temps, confectionnez des boulettes de pâte de la taille d'une noix à l'aide d'une cuillère à café.

4 Lorsque l'huile est bien chaude et qu'elle crépite, plongez-y délicatement les boulettes à l'aide d'une grande cuillère.

5 Les beignets de potimarron sont cuits lorsqu'ils remontent à la surface et qu'ils sont bien dorés. Égouttez-les sur du papier absorbant et servez-les bien chauds.

› Mon astuce

Le potimarron se conserve parfaitement dans un endroit sec.
Au fur et à mesure de sa conservation, sa teneur en vitamines et en sucre augmente.

Préparation : 20 minutes | Cuisson : 15 minutes | Réalisation : très facile | Coût : bon marché

Si vous n'avez encore jamais goûté de potimarron, il est grand temps... Cette délicieuse variété de potiron, à la saveur de purée de châtaigne, a de grandes qualités nutritionnelles.

› Ma variante

Le potimarron est aussi excellent en gratin : pelez et détaillez 800 g de potimarron. Faites-le cuire 20 minutes à l'eau bouillante salée, égouttez-le, écrasez-le à la fourchette et réservez-le. Préchauffez le four à 210 °C (th. 7). Lavez et hachez un bouquet de ciboulette. Mélangez 30 g de beurre au potimarron, ajoutez la ciboulette hachée, salez et poivrez, râpez 50 g de gouda, versez un filet d'huile d'olive et faites dorer au four une quinzaine de minutes.

Bouchées *de courgettes*

Ingrédients
(pour 6 personnes)

- 1 avocat mûr
- 2 courgettes
- 1 petit oignon nouveau
- 1/2 citron vert
- 8 filets d'anchois
- 1 cuil. à soupe d'huile d'olive

1 Lavez les courgettes, essuyez-les avec du papier absorbant et éliminez les extrémités.

2 À l'aide d'un couteau économe, taillez les courgettes en lanières dans le sens de la longueur. Roulez les lanières sur elles-mêmes en formant un nid.

3 Maintenez-les avec un bâtonnet de bois planté à l'horizontale. Réservez. Pressez le citron vert pour en extraire le jus. Pelez l'oignon et hachez-le.

4 Pelez l'avocat, dénoyautez-le et écrasez-le à la fourchette dans une assiette creuse. Arrosez-le de jus de citron. Ajoutez l'oignon haché et l'huile d'olive.

5 Garnissez chaque nid de courgette de cette préparation. Posez un anchois sur chaque nid et mettez-les dans un plat de service. Réservez au frais.

› Mon astuce

Vous pouvez tartiner d'avocat les lanières de courgettes posées à plat et les enrouler en escargots maintenus par un bâtonnet.

Préparation : 10 minutes | *Pas de cuisson* | *Réalisation : très facile* | *Coût : bon marché*

Pour un apéritif de tapas, pensez à ces bouchées de courgettes à l'avocat. Vite réalisées, elles ne nécessitent pas de cuisson et feront grand effet !

› Ma variante

Pour des bouchées de courgettes à la feta, taillez les courgettes comme dans la recette. Dans une assiette creuse, écrasez la feta à la fourchette avec 1 cuillerée à soupe d'huile d'olive, 1 cuillerée à soupe de crème fraîche et 3 cuillerées à soupe de ciboulette ciselée. Salez et poivrez. Mélangez bien. Tartinez les lamelles de courgettes de ce mélange, enroulez-les et maintenez-les à l'aide d'un bâtonnet. Réservez au frais. Vous pouvez aussi proposer un mélange de miettes de thon, de crabe ou de sardine et de fromage frais à tartiner. Vous pouvez faire la même chose avec des lamelles de concombre, préalablement dégorgées.

Verrines de riz *au surimi et saumon*

Ingrédients
(pour 4 personnes)

- 200 g de riz basmati
- 100 g de dés de saumon fumé
- 100 g de surimi
- 2 avocats
- 1 citron
- 1 œuf
- 1 cuil. à café de moutarde
- 5 cuil. à soupe d'huile d'olive
- 1 pincée de curry
- sel, poivre

1 Faites chauffer une grande casserole d'eau salée. Versez le riz dans l'eau bouillante, le temps indiqué sur le paquet, puis égouttez-le.

2 Pressez 1/2 citron pour en extraire le jus. Coupez les avocats en deux, retirez les noyaux et épluchez-les. Dans un saladier, écrasez la chair à la fourchette, arrosez de jus de citron.

3 Préparez la mayonnaise : dans un récipient, mettez 1 jaune d'œuf et fouettez-le avec la moutarde. Salez et poivrez. Ajoutez l'huile d'olive en filet, le jus de citron et le curry.

4 Mélangez la mayonnaise au riz. Dans quatre verres au diamètre suffisamment large, disposez une première couche de riz assaisonné. Recouvrez d'une couche d'avocat.

5 Répartissez le surimi râpé et les dés de saumon. Donnez un tour de moulin à poivre. Mettez au frais avant de servir.

› Ma variante

Ces verrines sont idéales pour un buffet. Amusez-vous à varier les saveurs et les couleurs selon vos envies. Si vous restez sur le thème de la mer, pensez au tarama, mais aussi aux œufs de lump (rouges ou noirs), un peu chers mais délicieux et très décoratifs. Pour donner plus de consistance aux avocats, mélangez-les avec 80 g de carré frais et un trait de tabasco. Les miettes de surimi peuvent être remplacées par des miettes de crabe ou de thon, le saumon fumé par des dés de saumon cru – dans ce cas, assurez-vous de la fraîcheur du poisson.

Préparation : 15 minutes | Cuisson : 15 minutes | Réalisation : très facile | Coût : assez cher

Quel délice de commencer la soirée par des petits verres déclinés sur le thème de la mer ! Un apéritif tout en fraîcheur à servir avec un vin blanc bien frais.

› Mon astuce

Pour un effet encore plus spectaculaire, ajoutez sur le dessus de vos verrines des crevettes roses entières.

Tartines au cantal, *lardons et asperges*

Ingrédients
(pour 4 personnes)

- 4 tranches de pain de mie
- 80 g de cantal
- 20 cl de crème épaisse
- 50 g de lardons
- 1 cuil. à café de paprika
- 1 bocal de petites asperges vertes
- sel, poivre

1 Préchauffez le four à 150 °C (th. 5). Retirez la croûte du pain de mie et tartinez les tranches avec la moitié de la crème fraîche.

2 Râpez le cantal. Coupez les lardons le plus finement possible. Répartissez le cantal râpé et les lardons sur les tranches de pain.

3 Mettez au four 10 minutes jusqu'à ce que le pain soit bien doré. Sortez les tartines du four, saupoudrez-les de paprika et coupez-les en allumettes de 2 cm de large.

4 Égouttez les asperges. Mettez dans un bol le reste de la crème fraîche, salez, poivrez et saupoudrez de paprika.

5 Sur une assiette de présentation, disposez le bol de crème, les asperges et les allumettes.

› Ma variante

Proposez d'autres bouchées rafraîchissantes comme des canapés de concombre à l'avocat : mixez 250 g de fromage frais (sous forme de barquette de fromage à tartiner), avec la chair d'un avocat épluché et dénoyauté. Arrosez du jus de 1 citron. Mixez l'ensemble avec quelques gouttes de paprika ou de Tabasco. Lavez et essuyez 1 concombre. Ne l'épluchez pas, mais coupez-le en rondelles. Mettez les rondelles les unes à côté des autres sur un plat rectangulaire ou carré. Avec une petite cuillère, déposez des petits tas réguliers de mousse d'avocat sur les rondelles de concombre, servez tels quels, ou ajoutez des dés ou des miettes de saumon fumé.

Préparation : 5 minutes | Cuisson : 10 minutes | Réalisation : très facile | Coût : bon marché

Pour un apéritif, pensez à ces petites bouchées de pain de mie confectionnées en 5 minutes… Ajoutez quelques asperges pour la fraîcheur, et le tour est joué !

Bouchées *au pain d'épices*

Ingrédients
(pour 4 personnes)

- 4 tranches de pain d'épices
- 25 g de beurre ramolli
- 10 cerneaux de noix
- 60 g de fourme d'Ambert
- 1/2 barquette de fromage frais
- 1 cuil. à café de porto
- 20 g de raisins secs blonds
- bâtonnets de bois

1 Dans un petit bol, mettez les raisins à tremper dans le porto une quinzaine de minutes. Hachez-les grossièrement au robot électrique.

2 Concassez les noix, puis hachez-les au robot. Retirez la croûte de la fourme d'Ambert et écrasez le fromage à la fourchette. Ajoutez le fromage frais, écrasez-le.

3 Incorporez le beurre mou et travaillez-le à la fourchette : le mélange doit avoir la consistance d'une pommade. Incorporez les noix et les raisins secs hachés.

4 Salez et poivrez. Retirez la croûte des tranches de pain d'épices et tartinez-les de la préparation au fromage.

5 Rabattez 2 tranches de pain d'épices sur les 2 autres, puis coupez-les en quatre. Faites-les tenir avec des bâtonnets de bois et servez.

› Mon marché

La fourme d'Ambert est relativement bon marché et très goûteuse.
Vous pouvez la remplacer par du roquefort, au goût plus prononcé, ou par du gorgonzola, plus crémeux.

Préparation : 15 minutes | *Pas de cuisson* | *Réalisation : très facile* | *Coût : bon marché*

Des idées de mises en bouche pour des apéritifs copieux…
En voici une très inventive, à base de pain d'épices.

Ma variante

Proposez, avec ces bouchées au pain d'épices, plusieurs types de tapas, un dip de haricots blancs, par exemple. Préchauffez le four à 180 °C (th. 6). Rincez 400 g de haricots blancs en conserve, égouttez-les et mixez-les dans le bol d'un robot. Parfumez de 1 cuillerée à café de cumin en poudre. Arrosez de 10 cl d'huile d'olive. Posez 3 pitas (petits pains ronds orientaux que vous trouverez sous plastique au rayon exotique) sur la plaque du four légèrement huilée et faites-les dorer 5 minutes. Coupez chaque pita en six, comme s'il s'agissait de découper un gâteau. Trempez ces triangles de pitas dans le dip de haricots.

Tartines *au pistou*

Ingrédients
(pour 4 personnes)

- 1 demi-pain
- 2 petits poivrons
- 1 boule de mozzarella
- 1 sauce pistou
- huile d'olive

1 Coupez 4 tranches de pain de 2 cm d'épaisseur. Badigeonnez-les d'huile d'olive sur chaque face.

2 Disposez les tranches de pain huilé sur la grille du four et faites-les griller sur la position gril du four quelques minutes. Vérifiez bien la cuisson.

3 Coupez la mozzarella en rondelles. Pelez les poivrons (voir « Mon astuce ») et coupez-les en grosses lamelles.

4 Étalez du pistou sur chaque tartine grillée. Déposez des lamelles de poivrons puis une grosse rondelle de mozzarella par-dessus.

5 Sous le gril du four, faites chauffer les tartines 5 minutes jusqu'à ce que le fromage ait bien fondu.

› Mon astuce

Pour peler les poivrons, passez-les 20 minutes au four à 220 °C sur un plat huilé, jusqu'à ce que leur peau noircisse. Au sortir du four, mettez-les dans un sac plastique alimentaire, fermez, et laissez refroidir une dizaine de minutes le temps que la peau se décolle. Pelez et ôtez les graines.

Préparation : 20 minutes | *Cuisson : 5 minutes* | *Réalisation : très facile* | *Coût : bon marché*

L'été, on aime retrouver les saveurs de Provence.
Que tous les marmitons profitent donc de ces tartines grillées,
aux poivrons, pistou et mozzarella !

› Ma variante

Un pistou « maison » : dans le robot, hachez 1 gousse d'ail, 2 cuillères à soupe de pignons de pin, 30 g de parmesan, une poignée de feuilles de basilic et ajoutez progressivement l'équivalent d'un petit verre d'huile d'olive. Poivrez. Si vous n'utilisez pas l'intégralité de votre sauce tout de suite, congelez le surplus... dans des bacs à glaçons !

Tartines *au bleu et jambon cru*

Ingrédients
(pour 4 personnes)

- 4 grandes tranches de pain de campagne
- 100 g de roquefort
- 4 tranches de jambon de pays
- 1 sachet d'assortiment de salades mélangées
- 2 cuil. à soupe de vinaigre
- 4 cuil. à soupe d'huile d'arachide
- 1 cuil. à soupe de moutarde
- quelques tiges de ciboulette
- sel, poivre

1 Préchauffez le gril du four. Dans un bol, émiettez grossièrement le roquefort à l'aide d'une fourchette.

2 Rincez la salade et essorez-la. Dans un bol, préparez la vinaigrette : mettez la moutarde, ajoutez le vinaigre, le sel et le poivre et émulsionnez le tout avec l'huile.

3 Une fois les tranches grillées, parsemez-les de roquefort émietté et posez par-dessus la tranche de jambon en chiffonnade.

4 Remettez les tartines au four pendant 2 ou 3 minutes sur une feuille de papier d'aluminium ou sulfurisé, et attendez que le fromage soit chaud et commence à fondre.

5 Présentez la salade dans quatre bols individuels. Versez la vinaigrette sur la salade et dressez les tartines fondantes sur une planche à découper. Décorez avec les tiges de ciboulette.

› Mon marché

Il existe toutes sortes de jambons de pays de qualité selon les régions et les pays : jambon de Bayonne, des Ardennes, de Savoie, d'Auvergne pour la France, serrano espagnol, san daniele ou encore jambon de Parme italiens. Privilégiez des jambons labellisés, qui garantissent la qualité supérieure du produit en question.

Préparation : 5 minutes | Cuisson : 5 minutes | Réalisation : très facile | Coût : bon marché

Une entrée de bistrot pour une soirée entre copains à la bonne franquette. Sortez un vin rouge léger, une saucisse sèche, faites suivre d'une omelette et terminez le repas par une crème caramel.

› Ma variante

Vous pouvez remplacer le jambon de pays par des lamelles de poulet fumé ou par des lamelles de jambon blanc. Pour une saveur sucrée-salée des plus délicieuses, mélangez 80 g de roquefort avec 2 cuillerées à soupe de crème fraîche, que vous étalerez sur des tranches de pain de campagne. Découpez des lamelles de poires au sirop et disposez-les par-dessus. Mettez au four 2 minutes.

Fenouil *aux agrumes et saumon*

Ingrédients
(pour 4 personnes)

- 2 citrons
- 2 oranges
- 3 petits bulbes de fenouil
- 1 oignon rouge
- 1 botte de radis
- 150 g de pousses d'épinard
- 3 cuil. à soupe d'huile d'olive
- 1 cuil. à café d'huile de sésame
- 2 tranches de saumon fumé
- quelques brins de ciboulette
- sel, poivre

1 Pelez un des citrons à vif et détaillez-le en quartiers. Pressez le second citron et réservez le jus. Procédez de même avec les oranges.

2 Retirez le haut des branches de fenouil. Émincez-les le plus finement possible (le mieux est d'utiliser une mandoline). Épluchez l'oignon et émincez-le. Lavez et ciselez la ciboulette.

3 Dans un saladier, mettez le fenouil, l'oignon, les quartiers des agrumes et leur jus. Salez et poivrez. Réservez 2 heures au frais.

4 Débarrassez les radis de leurs radicelles et de leurs feuilles, rincez-les et râpez-les. Lavez les pousses d'épinard et essorez-les. Coupez le saumon en lamelles.

5 Sortez le saladier du réfrigérateur, éliminez un peu de jus des agrumes, ajoutez les pousses d'épinard, les radis, le saumon, les huiles et la ciboulette. Salez et poivrez. Servez en verrines.

› Ma variante

Proposez une salade d'avocat au pamplemousse, à la papaye et au citron vert. Pour 4 personnes, il vous faudra 2 avocats, 2 citrons verts, 2 pamplemousses roses, 1 papaye, 3 cuil. à soupe d'huile d'olive, 1 cuil. à café de miel liquide, du sel et du poivre. Coupez les avocats en deux enlevez le noyau et retirez la chair à l'aide d'une cuillère. Découpez la chair en gros dés et arrosez-la du jus de 1 citron vert. Réservez. Pelez le pamplemousses à vif et coupez-les en quartiers. Épluchez la papaye, retirez les pépins et découpez-la en dés. Lavez le second citron vert, râpez le zeste et pressez le jus. Dans un petit bol, émulsionnez l'huile d'olive avec le miel, salez et poivrez. Mélangez l'ensemble des ingrédient à l'exception des avocats avec l'huile. Ajoutez délicatement les dés d'avocat et répartissez la salade dans des verrines.

Préparation : 30 minutes | Réfrigération : 2 heures | Réalisation : très facile | Coût : assez cher

Une entrée qui fait le plein de vitamines !
Proposez cette salade très originale et très simple à réaliser dans des verrines.

› Mon astuce

Si vous voulez atténuer l'acidité de cette salade, ajoutez 1 cuillère à café de miel liquide à la sauce. La saveur sucrée-salée acidulée est remarquable.

Salade *niçoise*

Ingrédients
(pour 4 personnes)

- 1 boîte de 160 g de thon
- 1 petit bocal d'olives noires (environ 30 olives)
- 3 œufs
- 500 g de tomates
- 1 sachet de laitue
- 1 boîte de sardines à l'huile
- 1 oignon
- sauce vinaigrette
- sel, poivre

1 Dans une casserole d'eau bouillante, faites cuire les 3 œufs 10 minutes, pour en faire des œufs durs.

2 Lavez les tomates. Avec un couteau à petite lame, retirez le pédoncule des tomates. Dans un saladier, coupez chacune d'elle en 8 quartiers. Réservez.

3 Epluchez l'oignon. Sur le plan de travail, émincez-le en fines lamelles avec un couteau bien tranchant.

4 Passez les œufs sous l'eau froide. Ecalez-les et coupez chacun d'eux en deux délicatement.

5 Dans un saladier, disposez la laitue toute prête, ajoutez les tomates et l'oignon, émiettez le thon et dispersez les olives égouttées. Décorez avec les quartiers d'œufs et les sardines. Nappez de sauce vinaigrette et parsemez de basilic.
Salez et poivrez.

› Mon marché

La gamme des sauces salade toutes prêtes est aujourd'hui très étendue : vinaigrette à la moutarde, allégée, fines herbes, vinaigrette au xérès, balsamique, citron, ciboulette... Le choix est vaste et dépend du goût de chacun. C'est aussi lui qui guidera la préparation de votre sauce maison : de la plus simple (juste un filet d'huile d'olive sur votre salade), à la plus élaborée, avec moutarde, vinaigres divers (balsamique, de vin, parfumé à l'estragon...) et herbes aromatiques.

Préparation : 25 minutes | Pas de cuisson | Réalisation : très facile | Coût : assez cher

Fraîcheur, simplicité de réalisation, la niçoise est la reine des salades !
Cette recette provençale ne nous lasse définitivement jamais !

› Ma variante

La niçoise traditionnelle se prépare généralement avec les légumes crus que l'on trouve sur les étals à partir du printemps. On peut tout de même déroger à la règle et utiliser les restes du frigo (pommes de terre, ou haricots verts déjà cuits) et aussi concombre, anchois, poivrons... pour un résultat tout aussi épatant.

Salade *de bœuf thaïe*

Ingrédients
(pour 4 personnes)

- 400 g de rumsteak
- 150 g de mesclun
- 2 petits oignons frais
- 100 g de tomates cerises
- 1 cuil. à soupe de coriandre fraîche hachée
- 1 petit concombre
- 1 cuil. à soupe de menthe fraîche hachée
- 2 cuil. à soupe de sauce soja
- 1 cuil. à soupe de sucre roux
- 1/2 citron vert
- 1 cuil. à café de piment

1 Pelez les oignons, retirez la base et les fanes, émincez-les finement. Lavez le concombre et coupez-le en fines rondelles. Lavez les tomates.

2 Lavez le mesclun, essorez-le et mettez-le dans un grand saladier. Ajoutez les oignons, le concombre, les tomates cerises coupées en deux et les herbes. Mélangez le tout.

3 Faites chauffer 1 cuillerée à soupe d'huile dans une poêle à revêtement antiadhésif. Salez et poivrez la viande des deux côtés. Faites-la saisir 5 minutes sur chaque face.

4 Posez la viande sur une planche et taillez-la en fines lamelles. Versez la sauce soja dans la poêle chaude avec le jus du demi-citron, le sucre et le piment séché émietté.

5 Répartissez les lamelles de viande sur la salade. Dès que la sauce est chaude et le sucre fondu, arrosez-en la viande et la salade. Servez aussitôt sans mélanger.

› Mon astuce

Choisissez un ou deux petits concombres libanais, fermes et très goûteux, ou un petit concombre très ferme à la peau bien brillante. Si nécessaire, coupez-le en deux dans la longueur et retirez les graines. Le mesclun est un mélange de salades très fines et très fragiles. Il doit être très frais, n'attendez pas pour le consommer.

Préparation : 20 minutes | Cuisson : 10 minutes | Réalisation : très facile | Coût : assez cher

Pour une entrée sophistiquée ou un repas léger, cette salade relevée et colorée fera belle impression. Sa réalisation est simple et rapide, et le résultat excellent.

Ma variante

Vous pouvez ajouter une poignée de germes de soja à la salade.
Vous pouvez faire griller 2 cuillerées à soupe de graines de sésame et en parsemer la salade.

Crème *d'asperges*

Ingrédients
(pour 4 personnes)

- 600 g d'asperges vertes surgelées
- 50 g de beurre
- 2 cuil. à soupe de farine
- 10 cl de vin blanc
- 3 cuil. à soupe de crème fraîche
- quelques gressins
- 1 l de bouillon de légumes
- 2 pommes de terre
- 2 oignons
- 2 poireaux
- 2 carottes
- quelques graines de sésame
- 1 branche de céleri
- 1 l d'eau
- sel, poivre

1 Préparez le bouillon de légumes : épluchez tous les légumes, lavez-les, taillez-les en petits dés et mettez-les dans une casserole avec 1 litre d'eau.

2 Portez à ébullition, salez et laissez cuire 20 minutes à feu doux. Passez le bouillon rapidement au mixeur, puis filtrez-le au-dessus d'un saladier en pressant bien les légumes. Réservez.

3 Faites décongeler 6 minutes les asperges dans de l'eau bouillante. Dans une sauteuse, faites fondre le beurre, ajoutez les asperges et saupoudrez de farine. Laissez cuire 5 minutes.

4 Versez le bouillon de légumes et le vin blanc dans la sauteuse, salez, poivrez et laissez cuire 30 minutes à feu doux.
Mixez le tout.

5 Vérifiez l'assaisonnement et ajoutez la crème fraîche. Servez dans des bols, parsemez de graines de sésame et accompagnez de gressins au sésame.

› Mon marché

Vous trouverez des asperges vertes toute l'année sur les étals. En fait, il s'agit de la fausse verte (une asperge blanche qui a poussé hors de terre). Profitez des belles asperges blanches (cueillies dès qu'elles pointent la tête, elles ne voient jamais le soleil) de début de saison (début mars), des violettes (asperges blanches cueillies juste après leur apparition au jour), fin mars, ou encore des vertes, qui ont été au contact du grand air et du soleil plus longtemps, début février. C'est en effet la lumière qui déclenche la production de chlorophylle. L'asperge verte comporte le grand intérêt de ne pas avoir besoin d'être épluchée.

Préparation : 20 minutes | *Cuisson : 55 minutes* | *Réalisation : très facile* | *Coût : assez cher*

Un velouté tout en finesse.
Proposez-le au printemps avec de belles asperges fraîches,
et, le reste de l'année, utilisez des asperges surgelées...

› Mon astuce

Les asperges sont fragiles. Conservez-les 48 heures, enveloppées dans un linge humide, si possible à la verticale, tête vers le haut.

Soupe *de potimarron*

Ingrédients
(pour 4 personnes)

- 1 kg de potimarron
- 2 blancs de poireau
- 1 carotte
- 1 pomme de terre
- 1 gousse d'ail
- 2 cuil. à soupe de crème fraîche
- 1 cuil. à soupe de cerfeuil ciselé
- huile
- gros sel, poivre

1 Coupez le potimarron en morceaux et retirez l'écorce. Lavez les blancs de poireau et émincez-les. Pelez la pomme de terre et la carotte et coupez-les en morceaux.

2 Pelez et écrasez la gousse d'ail. Versez 2 cuillerées à soupe d'huile dans un faitout. Faites revenir les poireaux en remuant pendant 5 minutes, le temps qu'ils fondent.

3 Ajoutez les autres légumes, l'ail et 1 cuillerée à café de gros sel. Recouvrez de 1 litre d'eau et portez à petite ébullition. Couvrez et laissez mijoter 25 minutes.

4 Passez les légumes au moulin à légumes (grille fine) placé au-dessus d'une casserole. Ajoutez la crème fraîche et mélangez bien.

5 Rectifiez l'assaisonnement. Réchauffez le velouté de légumes à feu doux en remuant. Servez dans des bols et parsemez de cerfeuil ciselé.

› Mon astuce

Les méthodes pour mouliner la soupe : le bon vieux moulin à légumes manuel fait des potages ou des veloutés selon la grille employée. Pour optimiser son utilisation, prélevez les légumes avec une écumoire en plusieurs fois et moulinez au fur et à mesure. Versez un peu d'eau de cuisson à la fin et éliminez les morceaux non broyés. Incorporez le reste d'eau de cuisson pour obtenir une bonne consistance. Le robot plongeant est rapide et efficace, mais la coupe est irrégulière, et il reste souvent des morceaux. Il faut utiliser un récipient haut et étroit, spécial, pour une bonne utilisation. Le blender est pratique, rapide et efficace. Le broyage varie selon la puissance.

Préparation : 20 minutes | *Cuisson : 30 minutes* | *Réalisation : très facile* | *Coût : bon marché*

Voici une soupe traditionnelle de saison, qui met du soleil dans les assiettes.
Le potimarron est un légume goûteux qui s'accommode facilement.

› Ma variante

Une touche d'originalité qui fait toute la différence : remplacez la pomme de terre par une demi-patate douce, dont la saveur sucrée se marie à merveille avec le potimarron.

Soupe *glacée de concombre*

Ingrédients
(pour 4 personnes)

- 1 concombre
- 1 gousse d'ail
- 1 yaourt nature
- 10 cl de crème liquide allégée
- 1 cuil. à soupe d'huile d'olive
- 12 feuilles de menthe
- 1 cuil. à soupe de pignons de pin
- 4 pincées de paprika
- sel, poivre

1 Épluchez le concombre, coupez-le en tronçons, puis coupez les tronçons dans la longueur et creusez à l'aide d'un économe pour retirer les pépins.

2 Pelez la gousse d'ail, dégermez-la et écrasez-la au presse-ail. Lavez les feuilles de menthe et égouttez-les. Réservez 4 petites feuilles pour la décoration.

3 Dans le bol du mixeur ou du blender, mettez le concombre, le yaourt, la crème liquide, l'huile d'olive, l'ail et la menthe. Mixez jusqu'à obtenir un velouté.

4 Salez et poivrez la préparation. Versez la soupe dans des verres et placez au réfrigérateur 1 heure environ ou jusqu'au moment de servir.

5 Dans une poêle antiadhésive, faites griller les pignons de pin à sec. Servez la soupe glacée en la parsemant de pignons de pin et de 1 pincée de paprika.

› Mon astuce

Vous pouvez faire dégorger le concombre pour le rendre plus digeste : en fait, ce sont les pépins qui sont indigestes, mais faire dégorger le concombre élimine aussi son amertume. Mettez le concombre épluché dans une passoire avec du gros sel, mélangez et laissez-le dégorger 1 heure.

Préparation : 15 minutes | Réfrigération : 1 heure | Réalisation : très facile | Coût : bon marché

Cette soupe verte servie glacée est très désaltérante. Son secret : la crème lui apporte du velouté, la menthe de la fraîcheur, et les pignons, une note sucrée qui croque sous la dent.

› Ma variante

Vous pouvez enrichir cette soupe très légère avec du fromage. Vous pouvez aussi remplacer le yaourt par 100 g de feta ou de fromage frais, remplacer la menthe par un 1 brin d'aneth et 2 cuillerées à soupe de pastis.

Gaspacho de tomates *à la coriandre*

Ingrédients
(pour 4 personnes)

- 4 tomates
- 1 concombre
- 1 gousse d'ail
- 1 oignon frais
- 1 tranche de pain rassis
- 1/2 bouquet de coriandre fraîche
- 2 cuil. à soupe d'huile d'olive
- 1 cuil. à soupe de vinaigre de xérès
- 30 cl d'eau minérale
- sel, poivre

1 Pelez le concombre, coupez-le en cubes, mettez-le dans une passoire avec du sel et laissez-le dégorger.

2 Trempez les tomates 30 secondes dans une casserole d'eau bouillante, pour pouvoir les peler facilement. Coupez-les en quartiers et retirez les pépins.

3 Pelez la gousse d'ail et dégermez-la. Pelez l'oignon. Lavez la coriandre, égouttez-la dans un papier absorbant et effeuillez-la. Conservez quelques feuilles pour décorer.

4 Mettez dans le bol du mixeur l'oignon, l'ail, les tomates, le morceau de pain coupé grossièrement et la coriandre. Mixez le tout. Ajoutez le concombre égoutté.

5 Ajoutez l'huile, le vinaigre, du sel, du poivre et l'eau minérale. Mixez à nouveau et réservez au frais. Au moment de servir dans des verres, ajoutez une feuille de coriandre.

› Mon marché

Choisissez de belles tomates, mûres à point, brillantes et saines avec le pédoncule frais et bien vert. Le concombre doit être lisse, de couleur uniforme et bien ferme, surtout aux extrémités.

Préparation : 20 minutes | Réfrigération : 2 heures | Réalisation : très facile | Coût : bon marché

*Soupe froide d'origine espagnole, très appréciée lorsqu'il fait chaud.
Désaltérante, elle se boit comme un apéritif, sans souci d'en abuser.
La coriandre lui donne une saveur fraîche et parfumée.*

› Ma variante

Vous pouvez accompagner le gaspacho de légumes coupés en petits dés, que l'on ajoute à volonté. Comptez 1 tomate en plus, 1/3 de concombre, 1 poivron rouge et 1 vert. Pelez la tomate et lavez les poivrons. Pelez le concombre, retirez les pépins ainsi que le centre. Coupez les légumes et disposez-les séparément dans des ramequins. Retirez la croûte de 2 toasts, coupez-les en petits cubes. Faites chauffer 1 cuillerée d'huile d'olive dans une poêle, faites-les griller en remuant et servez-les dans un ramequin comme les petits légumes. Vous pouvez agrémenter le gaspacho de 2 pincées de piment ou de paprika.

Poissons

Pavés de saumon *au céleri*

Ingrédients
(pour 4 personnes)

- 4 pavés de saumon
- 1/2 cuil. à café de graines de fenouil
- 1/2 cuil. à café de piment d'Espelette
- 1/2 cuil. à café d'épices en poudre
- 1 cuil. à soupe de pastis
- 2 cuil. à soupe d'huile d'olive

Pour la purée

- 1/2 céleri-rave
- 2 pommes de terre
- 1 citron
- 25 cl de crème fraîche
- sel, poivre

1 Préparez la purée : épluchez les pommes de terre et le céleri, puis détaillez-les en cubes.

2 Mettez-les dans une grande casserole d'eau, ajoutez le jus de citron et faites-les cuire pendant 40 minutes avec 1 pincée de sel.

3 Mettez les pavés de saumon dans une assiette creuse avec les épices, 1 cuillerée à soupe d'huile d'olive et le pastis. Enrobez chaque face des pavés de cette marinade.

4 Couvrez l'assiette de film alimentaire et mettez-la au frais 2 heures.
Égouttez les légumes et passez-les à la grille moyenne du presse-purée. Salez et poivrez. Ajoutez la crème fraîche.

5 Faites chauffer 1 cuillerée d'huile dans une poêle et faites dorer les pavés de saumon 3 minutes de chaque côté. Servez avec la purée.

› Mon conseil santé

Le céleri, riche en fibres, donc bon pour le transit intestinal, et très peu calorique (18 Kcal pour 100 g), fait partie des légumes les moins énergétiques au même titre que l'épinard. Il est riche en minéraux (notamment en potassium) et contient des oligo-éléments rares comme le sélénium.

Préparation : 25 minutes | Cuisson : 45 minutes | Marinade : 2 heures | Réalisation : très facile | Coût : assez cher

Des pavés de saumon poêlés et revenus dans quelques épices avec un filet de pastis, le tout agrémenté d'une purée de céleri.

Saumon *à la crème de gingembre*

Ingrédients
(pour 4 personnes)

- 4 pavés de saumon
- 30 g de beurre
- 2 cuil. à soupe de miel liquide
- 3 cuil. à soupe de crème fraîche épaisse
- 1 cuil. à café de gingembre moulu
- 2 gros oignons
- sel, poivre

1 Pelez les oignons et émincez-les finement. Faites fondre le beurre dans une poêle antiadhésive et faites revenir les oignons à feu doux.

2 Ajoutez le miel et laissez-le fondre en remuant. Retirez la poêle du feu et laissez tiédir. Préchauffez le four à 210 °C (th. 7).

3 Découpez quatre rectangles de papier sulfurisé en doublant le fond.
Versez la crème et le gingembre dans la poêle.
Salez, poivrez et mélangez bien le tout.

4 Huilez le fond des papillotes.
Rincez les pavés de saumon, épongez-les sur du papier absorbant, posez-les dans les papillotes, salez, poivrez et couvrez-les de sauce aux oignons.

5 Fermez les papillotes en repliant le papier, posez-les sur la plaque du four et faites-les cuire 15 minutes environ.

› Ma variante

Vous pouvez agrémenter votre compotée d'oignons de quelques légumes : 1 oignon, 1 courgette, 1 carotte, 1 blanc de poireau. Pelez la carotte, lavez la courgette et taillez-les en julienne. Lavez le poireau et coupez-le en tronçons de 1 cm. Émincez l'oignon. Faites d'abord revenir l'oignon à feu doux, puis ajoutez les autres légumes et faites revenir le tout pendant 5 minutes en augmentant le feu et en remuant. Remplacez le miel par 10 cl de vin blanc. Ajoutez ensuite la crème et le gingembre et poursuivez la recette.

Préparation : 25 minutes | Cuisson : 20 minutes | Réalisation : très facile | Coût : assez cher

C'est une véritable surprise raffinée et fondante que recèlent ces papillotes au saumon, avec une compotée d'oignons au miel, à la crème et au gingembre.

› Mon astuce

Vous pouvez faire des papillotes avec du papier d'aluminium renforcé, mais le risque est que la papillote crève : posez toujours une spatule sous les papillotes pour les déplacer entre le four et l'assiette. Il existe aussi des moules individuels en silicone, qui assurent une cuisson à la vapeur idéale et qui s'utilisent également au four à micro-ondes.

Thon *aux poivrons confits*

Ingrédients
(pour 4 personnes)

- 4 pavés de thon de 180 g
- 200 g de riz
- 20 oignons grelots
- 3 poivrons rouges
- 15 cl d'huile d'olive
- 1 pincée de thym
- 1 pincée de noix de muscade
- sel, poivre

1 Rincez les poivrons, coupez-les en deux, éliminez le pédoncule, épépinez-les et détaillez-les en lamelles.

2 Épluchez les oignons grelots. Dans une cocotte, faites chauffer 2 cuillerées à soupe d'huile et versez-y les lamelles de poivron et les oignons grelots.

3 Parfumez de thym et de noix de muscade et remuez avec une cuillère en bois.
Posez les pavés de thon sur le lit de poivrons et arrosez du reste d'huile d'olive. Salez et poivrez.

4 Couvrez et laissez cuire 1 h 45 à feu doux. Trente minutes avant la fin de la cuisson, portez une casserole d'eau à ébullition et faites cuire le riz le temps indiqué sur l'emballage.

5 Égouttez le riz et servez-le à l'assiette avec le thon et la fondue de poivron.

› Mon astuce

Selon la saison ou selon qu'il s'agit d'un déjeuner ou d'un dîner, ce plat peut se déguster aussi bien froid que chaud. Si vous faites partie de ceux qui n'apprécient le thon que mi-cuit, préparez le confit de poivron à part dans une cocotte ou dans une sauteuse. Faites chauffer 2 cuillerées à soupe d'huile dans une grande poêle et faites dorer les pavés 2 minutes de chaque côté dans l'huile bien chaude. Vous pouvez déglacer le jus de cuisson avec un peu de vinaigre balsamique. Servez aussitôt avec les poivrons.

Préparation : 20 minutes | Cuisson : 2 heures | Réalisation : très facile | Coût : assez cher

Voilà un plat convivial longuement mijoté qui fond littéralement dans la bouche. Presque rien à faire en cuisine, si ce n'est remuer de temps en temps.

› Mon conseil santé

Poisson moins gras que le saumon, le thon affiche pourtant une teneur non négligeable d'acides gras dont les fameux oméga 3. Présents avant tout dans les poissons gras, ils jouent un rôle important dans la prévention des maladies cardio-vasculaires. Ce poisson contient également des protéines d'excellente qualité, est bien pourvu en fer, en magnésium et en calcium.

Tagine de lotte *au citron confit*

Ingrédients
(pour 4 personnes)

- 800 g de filet de lotte
- 2 gros oignons
- 2 gousses d'ail
- 1 petit bouquet de coriandre fraîche
- 1 citron confit
- 1 dose de safran
- 3 cuil. à soupe d'huile d'olive

1 Détaillez le filet de lotte en gros cubes. Dans une sauteuse, faites chauffer l'huile d'olive et faites revenir les morceaux de lotte. Quand ils sont colorés, retirez-les de la sauteuse et réservez-les.

2 Pelez et émincez les oignons et l'ail. Faites-les revenir à feu doux dans la sauteuse qui a servi à faire revenir la lotte. Ils doivent juste fondre sans prendre couleur.

3 Ajoutez la lotte et le safran. Salez, poivrez, couvrez et laissez mijoter 10 minutes. Si la lotte accroche au fond de la sauteuse, mouillez d'un peu d'eau.

4 Découpez le citron confit en petits cubes. Rincez et ciselez la coriandre.

5 Incorporez le citron, laissez cuire 2 minutes à peine et dressez dans un plat sans oublier la coriandre.

› Ma variante

La lotte est un poisson à la chair délicate. Elle peut être remplacée par d'autres espèces à chair ferme comme le lieu ou le cabillaud, poissons moins onéreux qui conviennent parfaitement à ce type de préparation. Les doses de safran contiennent du safran en filaments, le plus odorant mais aussi le plus cher. Vous pouvez le remplacer par du safran en poudre, ou, à défaut, par du curcuma.

Préparation : 10 minutes | Cuisson : 15 minutes | Réalisation : très facile | Coût : cher

À l'origine, le terme « tagine » désigne le plat en terre destiné à la cuisson des ragoûts. Vous pouvez en utiliser un pour présenter ce mets riche en saveurs orientales, où se mêlent le safran, la coriandre et le citron confit.

› Mon marché

Vous trouverez des bocaux de citrons confits dans tous les hypermarchés, au rayon des produits exotiques, ou dans les magasins spécialisés. Ils se conservent très longtemps dans la porte du réfrigérateur.

Cabillaud, *haricots blancs et chorizo*

Ingrédients
(pour 4 personnes)

- 4 filets de cabillaud
- 600 g de haricots blancs en conserve
- 5 cuil. à soupe d'huile d'olive
- 1 citron
- 150 g de chorizo
- 1/2 bouquet de persil
- sel, poivre

1 Versez l'huile d'olive dans un petit bol. Pressez le citron pour en extraire le jus et versez-le dans le bol. Émulsionnez le tout.

2 Rincez les haricots blancs et égouttez-les. Retirez la peau du chorizo et coupez-le en fines rondelles. Lavez le persil, essorez-le et ciselez-le.

3 Mettez les haricots blancs dans un plat spécial four à micro-ondes peu profond. Répartissez par-dessus les rondelles de chorizo et recouvrez des filets de poisson.

4 Ajoutez les haricots blancs. Versez l'huile d'olive au citron. Salez et poivrez. Couvrez le plat d'un film alimentaire percé de trous.

5 Mettez le plat au four à micro-ondes réglé sur la puissance maximale pendant 8 minutes. Servez à l'assiette après avoir rectifié l'assaisonnement.

› Ma variante

Vous pouvez remplacer le cabillaud par n'importe quel poisson à chair blanche.
Vous pouvez faire cuire ce plat au four à 180 °C (th. 6) pendant une vingtaine de minutes.
Vous pouvez remplacer la moitié des haricots par des poivrons coupés en dés et ajoutez des câpres et des olives noires pour un plat plus estival.

Préparation : 15 minutes | Cuisson : 8 minutes | Réalisation : très facile | Coût : assez cher

Pour changer du cabillaud servi avec un beurre citronné et du riz, accompagnez-le de haricots blancs et de chorizo. Cette recette est idéale pour un dîner préparé au dernier moment.

› Mon marché

La chair du cabillaud est très délicate et son goût n'est pas fort. Elle est parfaite pour initier les enfants au poisson. Si vous voulez une texture un peu ferme, optez pour un morceau proche de la tête ; si vous désirez plus de rondeur et de tendreté, choisissez plutôt la queue.

Haddock *aux lentilles*

Ingrédients
(pour 4 personnes)

- 600 g de haddock
- 250 g de lentilles
- 25 cl de lait
- 3 petits oignons
- 100 g de lardons
- 1 cuil. à café de moutarde
- 1 cuil. à soupe de vinaigre
- 4 cuil. à soupe d'huile
- persil
- sel, poivre

1 Mettez les lentilles dans une casserole et recouvrez-les de deux fois et demie leur quantité d'eau. Ajoutez 1 cuillerée à café de sel et faites-les cuire 20 minutes.

2 Faites pocher le haddock dans une grande casserole avec le lait et couvrez d'eau de manière à immerger le poisson. À ébullition, retirez la casserole du feu et laissez le poisson dans le liquide.

3 5 minutes avant la fin de la cuisson des lentilles, ajoutez les lardons. Égouttez le tout, puis versez dans un plat de service.

4 Préparez la vinaigrette en mélangeant la moutarde et le vinaigre. Salez et poivrez. Ajoutez l'huile en fouettant. Épluchez et émincez les oignons.

5 Sortez le haddock avec une écumoire et posez-le sur une assiette. Retirez la peau et les arêtes. Effeuillez-le sur le plat de lentilles. Parsemez d'oignons et de persil.

› Mon marché

Le haddock est un poisson assez onéreux que l'on ne trouve pas systématiquement chez le poissonnier. Le vrai haddock est de l'églefin salé, fumé et trempé dans un colorant naturel. D'autres poissons comme le cabillaud ou le lieu noir peuvent être préparés de cette manière – ce sont alors des faux haddocks, au goût moins fin. Utilisez des petits oignons blancs frais que l'on trouve en botte, sinon, prenez un oignon rouge, doux également.

Préparation : 15 minutes | Cuisson : 20 minutes | Réalisation : très facile | Coût : assez cher

Dégustez tiède ou froid ce plat raffiné et original, que vous pouvez préparer la veille. La saveur fumée du haddock est équilibrée par la douceur des lentilles.

› Mon astuce

Pour plus de rapidité, achetez une grosse boîte de lentilles, rincez-les, égouttez-les, et supprimez les lardons. Le lait n'est pas indispensable, mais il garantit une cuisson moelleuse, car le haddock est un poisson qui peut durcir et se dessécher. Vous pouvez faire tiédir le plat au four à micro-ondes 2 minutes, avant de servir, en le recouvrant pour éviter que le poisson ne se dessèche.

Filets de flétan *au pastis*

Ingrédients
(pour 4 personnes)

- 4 filets de flétan
- 100 g de crème fraîche
- 1 cuil. à soupe d'huile d'olive

Pour la marinade

- 1 citron
- 5 cl de pastis
- 10 cl de vin blanc sec
- 40 g de cassonade
- 3 cuil. à soupe de miel liquide
- 1 cuil. à soupe de vinaigre balsamique
- 1 cuil. à café de gingembre en poudre
- sel, poivre

1 Mettez les filets dans un plat pas trop haut, comme un plat à gratin. Dans un bol, versez le vinaigre, l'huile d'olive, le vin blanc, le pastis, le miel et le gingembre.

2 Ajoutez la cassonade et le jus de citron. Émulsionnez le tout et versez la marinade sur les filets de poisson. Couvrez-les d'un film alimentaire et laissez-les mariner 2 heures.

3 À l'aide d'une écumoire, retirez délicatement les filets de poisson et réservez-les. Versez la marinade dans une petite casserole et portez-la à ébullition. Hors du feu, faites-la flamber.

4 Ajoutez la crème fraîche et battez au fouet métallique. Faites chauffer à feu moyen jusqu'à obtention d'une sauce épaisse et onctueuse.

5 Pendant ce temps, faites chauffer l'huile dans une grande sauteuse et faites dorer les filets de poisson sur les deux faces. Salez et poivrez. Servez à l'assiette et nappez de sauce.

› Ma variante

Pour la daurade au pastis, il vous faut : 1 daurade écaillée avec la peau, 1 verre de pastis, 2 cuil. à soupe de graines de fenouil, 3 verres d'eau, huile d'olive, 1 citron, 20 petits oignons nouveaux, 200 g de crème fraîche, sel, poivre. Dans un plat à gratin, mettez la daurade entière farcie des graines de fenouil. Arrosez-la de pastis, de 3 verres d'eau, d'un filet d'huile d'olive et du jus de citron. Couvrez d'un film étirable et laissez mariner 2 heures au réfrigérateur. Épluchez les oignons, faites-les revenir entiers dans 2 cuillerées à soupe d'huile, arrosez-les de marinade au pastis, portez à ébullition, puis faites réduire la sauce à feu doux. Préchauffez le four à 210 °C (th. 7). Ajoutez à la sauce la crème fraîche, du sel et du poivre. Versez la sauce sur la daurade et enfournez 20 minutes.

Préparation : 10 minutes | Marinade : 2 heures | Cuisson : 10 minutes | Réalisation : très facile | Coût : assez cher

Des filets de poisson dans une marinade à base de pastis.
Un voyage culinaire ensoleillé au pays de Pagnol.

Saint-Jacques *aux endives caramélisées*

Ingrédients
(pour 4 personnes)

- 16 noix de Saint-Jacques
- 2 échalotes
- 4 endives
- 50 g de beurre
- 10 cl de crème fleurette
- 1 cuil. à soupe de sucre
- 1/2 citron
- quelques tiges de persil
- poivre

1 Pelez et émincez les échalotes. Passez les endives sous l'eau froide, coupez-les en deux, retirez la partie centrale dure et taillez-les en bâtonnets de 5 cm de long.

2 Faites revenir les endives dans 20 g de beurre. Dans une petite casserole, faites fondre le sucre avec 1 cuillerée à soupe d'eau. Versez-le sur les endives. Laissez caraméliser 10 minutes.

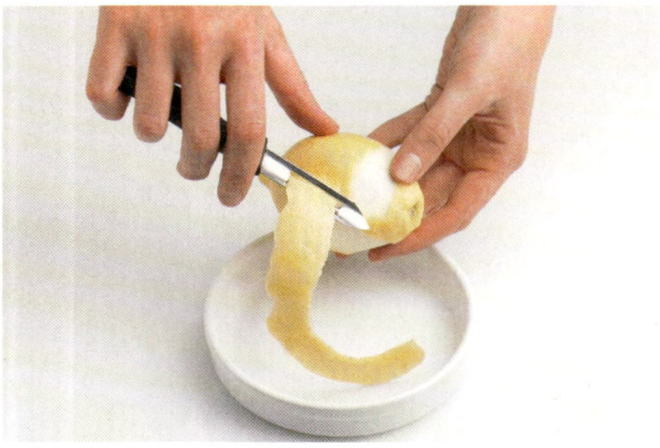

3 Lavez et hachez grossièrement le persil. Prélevez quelques zestes de citron avec un couteau économe, hachez-les et pressez le citron.

4 Dans une petite casserole, mettez 20 g de beurre coupé en petits dés avec les échalotes, le jus et le zeste de citron. Battez au fouet à feu doux. Ajoutez la crème. Laissez encore 2 minutes.

5 Dans une poêle, faites chauffer le reste du beurre et faites dorer les Saint-Jacques 1 minute de chaque côté. Posez-les sur du papier absorbant et poivrez. Nappez de sauce et de persil.

› Mon marché

Plus abordables, les noix de Saint-Jacques surgelées sont souvent alourdies par le trempage avant congélation, ce qui altère légèrement leur finesse. Attention de ne pas acheter des pétoncles à la place des Saint-Jacques, en sachet surgelé. Fraîches, choisissez des coquilles Saint-Jacques lourdes et bien fermées. Si elles sont ouvertes, elles doivent se refermer dès qu'on les tape. Sur les étals, on les trouve aussi déjà décortiquées.

Préparation : 15 minutes | *Cuisson : 15 minutes* | *Réalisation : très facile* | *Coût : cher*

Laissez-vous tenter par la délicatesse des Saint-Jacques. Leur préparation est très rapide, et les endives ne nécessitent qu'un quart d'heure de cuisson.

› Mon astuce

Pour détacher la noix de la coquille, une cuillère à soupe suffit. Vous pouvez également introduire la lame d'un couteau sur le côté de la coquille, puis racler pour aller couper le pied. Enlevez les barbes, qui pourront éventuellement servir à préparer un fumet, et la poche noire. Gardez la noix, qui est la partie blanche, et le corail (qui est la glande génitale, rouge pour la femelle et blanche pour le mâle). Rincez les noix à grande eau et posez-les rapidement sur du papier absorbant, elles ne doivent pas tremper. Vous pouvez aussi ouvrir les coquilles au micro-ondes, en mode cuisson poisson, pendant 3 minutes.

Crevettes *à l'aïoli*

Ingrédients
(pour 4 personnes)

- 20 crevettes bouquets
- 5 cuil. à soupe de mayonnaise
- 3 gousses d'ail
- 1 citron vert
- 2 cuil. à soupe d'huile
- 1 cuil. à soupe de moutarde
- 1 cuil. à soupe de persil
- sel, poivre
- 4 brochettes

1 Pelez les gousses d'ail. Écrasez l'une des gousses. Pressez le citron. Dans un plat, mélangez la gousse d'ail pressée, la moutarde, l'huile et le jus de citron.

2 Mettez les crevettes dans ce plat, salez, poivrez et mélangez l'ensemble. Laissez mariner au frais au moins 30 minutes. Si vos brochettes sont en bois, faites-les tremper dans de l'eau chaude.

3 Pendant ce temps, préparez l'aïoli : écrasez les deux gousses d'ail qui restent au presse-ail ou dans un mortier et incorporez-les à la mayonnaise. Réservez au frais.

4 Après macération, enfilez les crevettes à plat sur des brochettes égouttées. Faites-les griller au gril avec une plaque placée dessous ou au barbecue pendant 8 minutes.

5 Retournez les brochettes à mi-cuisson et arrosez-les de la marinade. Disposez-les dans un plat et servez avec l'aïoli.

› Ma variante

Réalisez vous-même la mayonnaise, avec 1 cuillerée à soupe de moutarde, 2 jaunes d'œufs, 1 gousse d'ail écrasée. Versez l'huile d'olive en filet et montez la mayonnaise en fouettant avec une fourchette ou au batteur électrique à vitesse moyenne. Salez et poivrez. Vous pouvez ajouter à l'aïoli de la ciboulette ciselée ou du persil.

Préparation : 15 minutes | Marinade : 30 minutes | Cuisson : 5 minutes | Réalisation : très facile | Coût : assez cher

La mayonnaise aillée s'accorde à la perfection à ces crevettes marinées.

› Mon astuce

Vous pouvez atténuer le goût de l'ail en faisant blanchir les gousses 1 petite minute dans de l'eau bouillante.

Gambas *flambées au pastis*

Ingrédients
(pour 4 personnes)

- 12 belles gambas
- 2 gousses d'ail
- quelques brins de persil
- 3 cuil. à soupe de crème fraîche
- 2 cuil. à soupe d'huile d'olive
- 1/2 verre de pastis
- 250 g de riz nature
- sel, poivre

1 Dans une grande casserole d'eau, faites cuire le riz selon les indications portées sur l'emballage. Épluchez et hachez l'ail. Lavez, essorez et ciselez le persil.

2 Dans une grande poêle, mettez l'huile d'olive à chauffer. Faites revenir les gambas entières et encore congelées pour les faire roussir, de 4 à 5 minutes.

3 Ajoutez la persillade, remuez, laissez cuire 1 minute. Versez le pastis et faites flamber, puis laissez cuire 3 minutes supplémentaires.

4 Quand les dernières flammes sont éteintes, ajoutez la crème fraîche, salez, poivrez et réservez. Mettez du riz, une fois cuit et égoutté, dans un petit bol individuel préalablement huilé.

5 Tassez bien le riz au fond avec les mains, puis renversez le bol sur une assiette. Recommencez l'opération sur chaque assiette. Ajoutez les gambas nappées de sauce. Servez aussitôt.

› Ma variante

Certains n'appréciant pas le goût anisé du pastis, vous pouvez le remplacer par la moitié d'un petit verre de cognac ou de whisky afin d'obtenir une saveur plus consensuelle. Vous pouvez remplacer les gambas par de petites crevettes roses, pour des occasions plus ordinaires, car les gambas restent chères, malgré leur production en constante augmentation. Optez pour des crevettes fraîches, cuites ou non, car les petites crevettes congelées rendent beaucoup d'eau et ne sont pas idéales pour ce type de plat.

Préparation : 10 minutes | *Cuisson : 8 minutes* | *Réalisation : très facile* | *Coût : cher*

Ces grosses crevettes sont succulentes, leur chair se tient parfaitement, alors n'hésitez pas à les acheter surgelées.

› Mon astuce

Pensez aux rince-doigts ! Parfumées au citron, ces lingettes masqueront l'odeur forte des crustacés. Vérifiez qu'il n'y a pas de trace de givre sur les gambas surgelées, qui serait le signe d'une mauvaise congélation. Pour une décoration, comme au restaurant, ajoutez une pincée de safran ou de curcuma, sur le riz, directement dans les assiettes.

›I Viandes et volailles

Agneau *aux raisins secs et à la cannelle*

Ingrédients
(pour 4 personnes)

- 800 g d'épaule d'agneau désossée
- 50 g de raisins secs
- 1 cuil. à soupe de cannelle
- 1 cuil. à café de piment de Cayenne
- 4 gousses d'ail
- 3 citrons
- huile d'olive
- 2 verres de semoule
- 4 branches de menthe

1 Coupez la viande en cubes et mettez-la dans un saladier. Pelez les gousses d'ail, hachez-les et mettez-les dans le saladier. Pressez le jus des citrons et versez-le sur la viande.

2 Ajoutez la cannelle, le piment de Cayenne, les raisins, 4 cuillerées à soupe d'huile d'olive et mélangez. Couvrez d'un film alimentaire et laissez mariner 1 heure à température ambiante.

3 Dans une cocotte en fonte, faites chauffer 1 cuillerée à soupe d'huile d'olive, ajoutez les morceaux de viande égouttés (conservez la marinade) et faites-les saisir 5 minutes.

4 Arrosez de marinade et de 2 verres d'eau. Couvrez et laissez mijoter 1 h 30. Versez la semoule dans un saladier avec 2 verres d'eau et 2 cuillerées à soupe d'huile d'olive et laissez-la gonfler.

5 Égrenez la semoule avec une fourchette. Au moment de servir, réchauffez-la au four à micro-ondes. Lavez et ciselez la menthe. Servez l'agneau avec le jus et la semoule. Décorez de menthe.

› Ma variante

Proposez un tajine aux raisins secs, oignons et amandes. Ingrédients : 800 g d'épaule d'agneau désossée et coupée en morceaux, 2 oignons, 3 gousses d'ail, 100 g d'amandes mondées, 2 cuil. à soupe de miel, 1 cuil. à café de cumin en poudre, 1 cuil. à café de curcuma, 1 cuil. à café de cannelle, 3 cuil. à soupe d'huile d'olive.

Épluchez les gousses d'ail et les oignons et émincez-les. Faites chauffer l'huile d'olive dans une cocotte et faites saisir la viande. Ajoutez l'ail, les oignons et toutes les épices, couvrez à mi-hauteur d'eau, posez un couvercle et laissez cuire 1 h 15. Ajoutez le miel, les raisins et les amandes et poursuivez la cuisson 20 minutes.

Préparation : 20 minutes | Marinade : 1 heure | Cuisson : 1 heure 30 | Réalisation : très facile | Coût : cher

L'agneau est une viande très fondante qui se marie parfaitement aux épices. Laissez-vous tenter par ces saveurs marocaines.

› Ma variante

Si votre boucher n'a pas d'épaule d'agneau, vous pouvez prendre du gigot ou de la selle.

Daube d'agneau *aux amandes*

Ingrédients
(pour 4 personnes)

- 1 kg d'épaule d'agneau désossée
- 100 g d'amandes effilées
- 3 oignons
- 1 écorce d'orange
- 150 g d'olives vertes dénoyautées
- 1 cube de bouillon
- 3 cuil. à soupe d'huile d'olive
- 1 cuil. à café de curry
- 1 cuil. à soupe de miel liquide
- sel, poivre

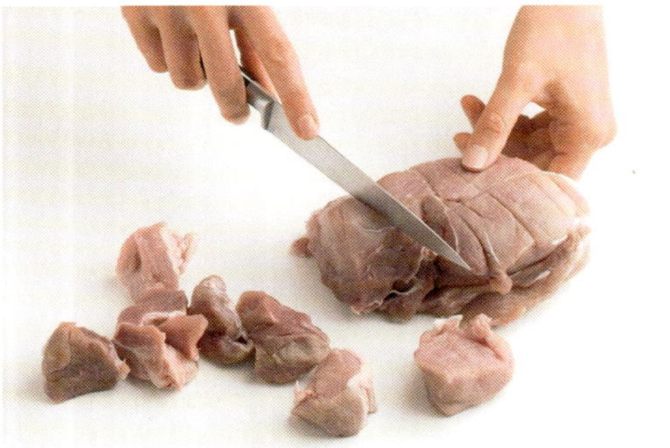

1 Épluchez les oignons et émincez-les. Détaillez la viande en cubes. Faites chauffer l'huile d'olive dans une cocotte.

2 Ajoutez les dés de viande et faites-les saisir 5 minutes, incorporez les oignons émincés et laissez-les suer 5 minutes.

3 Mouillez d'eau à hauteur, émiettez le cube de bouillon, ajoutez l'écorce d'orange, le curry et le miel.

4 Mélangez afin que les arômes se lient, couvrez et laissez mijoter à feu doux 1 h 30. Si nécessaire, ajoutez de l'eau en cours de cuisson.

5 Ajoutez les olives et les deux tiers des amandes effilées. Poursuivez la cuisson 30 minutes. Parsemez du reste d'amandes et servez.

› Mon astuce

Servez avec une polenta faite maison. Il vous faudra 200 g de semoule de maïs blanche ou jaune, 1/2 l de lait, 1/2 l d'eau, 50 g de beurre, du sel et du poivre. Dans une casserole, versez le lait et l'eau. Ajoutez le beurre préalablement coupé en dés, salez, poivrez et portez à ébullition. Quand l'eau bout, versez la semoule en pluie et remuez avec une cuillère en bois. Réduisez le feu et faites cuire la polenta une vingtaine de minutes. Versez-la dans un plat rond, laissez-la s'aérer et s'étaler. Coupez-la en parts. Si vous l'aimez légèrement grillée, faites fondre un peu de beurre dans une poêle et faites dorer les parts pour leur donner une croûte dorée et croustillante.

Préparation : 20 minutes | Cuisson : 2 heures | Réalisation : très facile | Coût : cher

Le fondant de l'agneau se mêle à la douceur du miel et des amandes. Un peu de curry et quelques olives vertes, et votre mets sera dignement célébré !

Sauté de porc *aux pommes*

Ingrédients
(pour 4 personnes)

- 800 g d'échine de porc
- 50 cl de cidre
- 1 cube de bouillon
- 20 g de beurre
- 4 pommes de terre
- 3 pommes
- 10 cl de crème liquide
- sel, poivre

1 Désossez l'échine de porc et coupez-la en cubes. Faites fondre le beurre dans une cocotte et faites dorer les cubes de viande.

2 Retirez les morceaux de viande à l'aide d'une écumoire et réservez-les.
Versez le cidre dans la cocotte.
Faites chauffer 20 cl d'eau avec le cube de bouillon.

3 Versez le bouillon dans la cocotte. Pelez les pommes, coupez-les en quartiers et mettez-les dans la cocotte.

4 Versez le bouillon dans la cocotte.
Pelez les pommes, coupez-les en quartiers et mettez-les dans la cocotte.

5 Enfournez-les sur la grille du four et laissez-les cuire 1 heure. Servez la viande et la sauce à l'assiette, avec une pomme de terre fendue en deux arrosée d'un filet de crème. Salez et poivrez.

› Ma variante

Pour un sauté de porc au cidre, carottes et petits pois : 800 g de filet de porc coupé en cubes, 400 g de petits pois frais écossés ou surgelés, 400 g de jeunes carottes, 20 cl de cidre, 20 oignons grelots, 10 cl de crème fraîche liquide, 2 cuil. à soupe de moutarde à l'ancienne, 3 cuil. à soupe d'huile, sel, poivre. Dans une sauteuse, faites saisir les morceaux de viande dans l'huile une quinzaine de minutes. Pelez les carottes et coupez-les en rondelles. Épluchez les oignons. Déglacez la viande avec le cidre, salez et poivrez. Ajoutez les légumes dans la sauteuse, salez et poivrez. Mélangez et laissez cuire 25 minutes. En fin de cuisson, ajoutez la moutarde ancienne et la crème. Poursuivez la cuisson à feu vif 3 minutes.

Préparation : 20 minutes | Cuisson : 1 heure 30 | Réalisation : très facile | Coût : bon marché

Un plat de viande mijoté à la cocotte. Économique, facile à réaliser, convivial et original par la saveur sucrée apportée par les pommes. À faire et à refaire.

› Mon marché

Demandez à votre boucher de désosser l'échine de porc, ou prenez du filet ou du sauté de porc.

Filet mignon *aux petits légumes*

Ingrédients
(pour 4 personnes)

- 2 petits filets mignons
- 1 tomate
- 4 oignons
- 300 g de navets surgelés
- 1 kg de petits pois et carottes surgelés
- 2 gousses d'ail
- 1 pincée de sucre
- 1 bouquet garni
- 1 cuil. à soupe de farine
- 30 g de beurre
- 20 cl de crème fleurette

1 Dans une eau bouillante salée, versez le mélange de petits pois et de carottes, ainsi que les navets. Laissez cuire 10 minutes après la reprise de l'ébullition.

2 Pendant ce temps, faites chauffer le beurre et l'huile dans une cocotte. Coupez la viande en morceaux et faites-les revenir de tous les côtés. Saupoudrez-les de sucre pour qu'ils caramélisent.

3 Saupoudrez la viande de farine et laissez cuire encore 2 minutes. Mouillez d'eau de façon à recouvrir les morceaux de viande et portez à ébullition à feu vif.

4 Plongez la tomate dans de l'eau bouillante, retirez sa peau et concassez-la. Épluchez l'ail et écrasez-le. Mettez la tomate, l'ail, le bouquet garni dans la cocotte, baissez le feu.

5 Couvrez et laissez mijoter pendant 1 heure. Incorporez les légumes égouttés, la crème et poursuivez la cuisson à feu vif 15 minutes. Retirez le bouquet garni et servez aussitôt.

› Mon marché

Avec l'arrivée du printemps, profitez des légumes primeurs concentrés de bienfaits. Récoltée très jeune, d'avril à juillet, la carotte est un bref plaisir (provenant surtout des Landes et du Val de Loire). Elle ne demande qu'un lavage sous l'eau du robinet et ne se pèle pas. Légère et rapide (8 min), la cuisson en autocuiseur lui convient parfaitement.

Pensez aussi aux petits pois primeurs, et choisissez des cosses bien fraîches, craquantes et d'un vert brillant. Leur écossage parfois rebutant peut devenir un moment très convivial et facile (la cosse entrouverte, un coup de pouce suffit à déloger les grains). Sachez que, comme les carottes, ils se consomment dans les 48 heures suivant leur achat.

Préparation : 20 minutes | Cuisson : 1 heure 15 | Réalisation : très facile | Coût : cher

Tous ces jeunes légumes, tendres et riches en goût, accompagnent à la perfection les viandes mijotées. Si vous n'avez pas le temps d'aller au marché, pensez aux légumes surgelés.

› Mon astuce

Comptez environ 500 g de cosses pour obtenir 175 g de petits pois et faites-les cuire 15 minutes à la vapeur.

Colombo *de filet de porc*

Ingrédients
(pour 4 personnes)

- 1 kg de filet mignon de porc
- 1 aubergine
- 1 courgette
- 2 pommes de terre
- 1 banane
- 1 citron vert
- 1 oignon
- 1 petit piment
- 2 branches de céleri
- 6 gousses d'ail
- 2 échalotes
- 2 cuil. à soupe de persil ciselé
- 2 cuil. à soupe de colombo en poudre
- 1 cuil. à soupe de vinaigre
- 1 cuil. à soupe d'huile
- sel, poivre

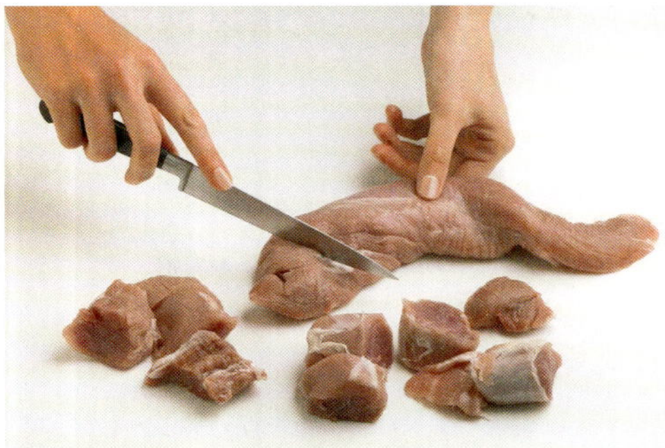

1 Épluchez les échalotes, les gousses d'ail et l'oignon et émincez-les. Coupez le filet mignon en morceaux réguliers. Émincez le piment.

2 Dans un plat creux, mettez la viande avec l'ail, l'oignon, le piment, 1 cuillerée à soupe de colombo et 1 cuillerée à soupe de vinaigre. Laissez mariner au réfrigérateur 1 heure.

3 Faites chauffer l'huile dans une sauteuse pour faire revenir la viande. Une fois dorée, ajoutez le jus de marinade, puis la seconde cuillerée de colombo et les échalotes émincées.

4 Épluchez les aubergines, les courgettes et les pommes de terre, coupez-les en dés et mettez-les dans la sauteuse. Mouillez d'un verre d'eau, couvrez et laissez cuire 30 minutes.

5 Cinq minutes avant la fin de la cuisson, versez le jus du citron vert. Coupez la banane en rondelles. Servez la viande et les légumes à l'assiette. Décorez de banane et de persil ciselé.

› Ma variante

Proposez un colombo de poulet. Faites mariner 1 poulet découpé en morceaux avec 6 gousses d'ail hachées, 1 piment rouge haché, 1 échalote émincée, 1/2 cuillerée à café de coriandre en poudre et 1/2 d'anis. Ajoutez 1 cuillerée à soupe de vinaigre et laissez macérer 1 heure au réfrigérateur. Dans une cocotte en fonte, faites revenir les morceaux de poulet dans un peu d'huile et versez la marinade par-dessus. Ajoutez 1 oignon émincé et 2 cuillerées à soupe de colombo en poudre. Remuez. Coupez en dés 3 pommes de terre et 1 courgette, ajoutez-les dans la cocotte et mouillez d'un peu d'eau. Laissez cuire 20 minutes. Allongez de 15 cl de lait de coco et laissez cuire 15 minutes. En fin de cuisson, parfumez avec le jus de 1 citron.

Préparation : 15 minutes | Marinade : 1 heure | Cuisson : 40 minutes | Réalisation : très facile | Coût : assez cher

Une recette exotique, assez peu onéreuse, difficile à rater.
Voilà de quoi emmener vos invités aux Antilles, le temps d'un repas.

› Mon marché

Le colombo en poudre parfume le plat national antillais du même nom. Il s'agit d'un mélange d'ail, d'échalote, de thym, de piment, de coriandre, de curcuma, de moutarde, d'anis et de cumin. C'est une poudre plus parfumée qu'épicée.

Émincé de veau *au citron*

Ingrédients
(pour 4 personnes)

300 g de flanchet

400 g d'épaule de veau

1 citron

50 g de beurre

2 jaunes d'œufs

3 cuil. à soupe de crème fraîche

10 brins de persil

sel, poivre

1 Coupez les viandes en morceaux. Prélevez le zeste du citron et pressez le jus. Lavez, essorez et ciselez le persil.

2 Faites fondre le beurre dans une sauteuse et faites revenir les morceaux de viande à feu doux. Saupoudrez de zeste de citron, salez et poivrez.

3 Recouvrez la viande d'eau. Couvrez la cocotte et laissez mijoter 1 heure à feu doux. Vérifiez la cuisson : au besoin, ajoutez un peu d'eau.

4 Retirez la viande avec une écumoire, mettez-la dans un plat creux et gardez-la au chaud. Faites réduire le jus de cuisson à feu vif. Battez les jaunes d'œufs avec la crème et le citron.

5 Salez et poivrez. Versez le mélange dans la cocotte et laissez cuire à feu doux 2 minutes. Lorsqu'il est bien onctueux, versez-le sur la viande et parsemez de persil.

› Mon marché

On reconnaît une bonne viande de veau à sa fermeté et à sa couleur blanc nacré légèrement rosé, plutôt satiné, avec un grain le plus fin possible. La graisse doit être assez abondante, blanche et ferme. Choisissez le morceau en fonction de la recette : la noix et la sous-noix, le filet ou la longe pour rôtir ou poêler. Pour les plats en sauce : le collier, l'épaule, la poitrine, les tendrons, le jarret et le flanchet. Pour poêler en tranches : les côtes premières ou secondes.

Préparation : 10 minutes | Cuisson : 1 heure 15 | Réalisation : très facile | Coût : cher

Un plat tout en finesse. Comme tous les plats mijotés, il offre le grand avantage d'être réalisé très rapidement. Seul le temps de cuisson est long, mais, préparé à l'avance, il ne sera que meilleur.

› Mon conseil santé

Le veau est une viande assez maigre : 170 Kcal pour 100 g. Si vous êtes au régime, méfiez-vous des sauces à la crème qui l'accompagnent souvent. Privilégiez plutôt une côte à griller, ou faites mijoter le veau avec une sauce à la tomate et aux aromates, une association tout aussi parfaite.

Magrets de canard *aux griottes*

Ingrédients
(pour 4 personnes)

- 2 magrets de canard
- 1 boîte de griottes au sirop (250 g)
- 2 cuil. à soupe de vinaigre de xérès
- 1 cuil. à soupe de sucre
- 1 cuil. à café de baies roses
- sel, poivre

1 Incisez la peau des magrets de plusieurs entailles. Faites chauffer une poêle sans matière grasse et déposez-y les magrets du côté de la peau.

2 Faites cuire les magrets 10 minutes et retirez la graisse. Puis faites-les cuire de 3 à 5 minutes de l'autre côté, dans la poêle bien chaude. Salez et poivrez.

3 Retirez les magrets, coupez-les en fines tranches, disposez-les dans un plat et couvrez-les de papier aluminium.

4 Versez le vinaigre dans la poêle et déglacez les sucs de cuisson à feu vif en grattant avec une spatule. Ajoutez le sucre et les griottes avec un peu de sirop.

5 Mélangez et faites chauffer 2 minutes. Versez cette sauce avec les griottes sur les magrets, parsemez de baies roses et servez aussitôt.

› Ma variante

Les baies roses, une variété de poivre doux et parfumé, ne sont pas indispensables. Vous pouvez remplacer le sucre et les griottes au sirop par un demi-pot de confiture de griottes – la sauce sera un peu plus sucrée. La confiture de griottes est assez liquide, ce qui convient pour une sauce. Il faut savoir aussi que la confiture contient 65 % de sucre, soit environ 15 % de sucre provenant des fruits et 50 % de sucre ajouté, alors que des fruits au sirop n'en contiennent que 20 %.

Préparation : 10 minutes | *Cuisson : 20 minutes* | *Réalisation : très facile* | *Coût : assez cher*

Une recette savoureuse, rapide et inratable pour un repas sophistiqué. C'est simple, il n'y a quasi rien à préparer, à part faire cuire les magrets…

› Mon astuce

Vous pouvez préparer à l'avance une compote de griottes, moins sucrée et tout aussi délicieuse, pour servir avec les magrets. Dans une casserole, versez 15 cl de vin rouge avec 150 g de sucre, 1 cuillerée à café de cannelle et 1 clou de girofle. Faites bouillir pendant 5 minutes. Ajoutez 500 g de griottes surgelées et faites-les cuire à couvert dans le sirop pendant 10 minutes.

Entrecôte *aux lardons fumés et câpres*

Ingrédients
(pour 4 personnes)

1 entrecôte de 600 g

100 g de lardons fumés

1 oignon

2 cuil. à soupe de câpres

10 cl de vinaigre de xérès

sel, poivre

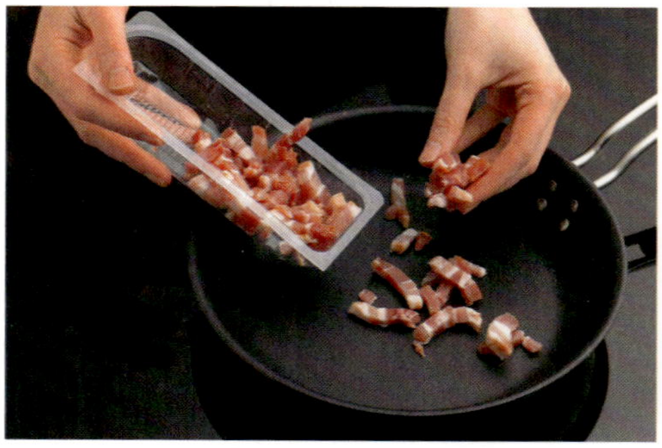

1 Choisissez une poêle large dotée d'un couvercle. Mettez-y les lardons à griller à sec. Dès qu'ils sont dorés, réservez-les sur une assiette.

2 Pelez et émincez l'oignon. Ajoutez-le dans cette même poêle et grattez avec la spatule pour le faire dorer sans qu'il accroche.

3 Mettez la viande à griller dans la poêle, puis retournez-la. Ajoutez les câpres égouttées et le vinaigre délayé dans 5 cl d'eau. Salez et poivrez. Mélangez et couvrez.

4 Laissez mijoter à feu modéré pendant 20 minutes, en retournant la viande une fois, à mi-cuisson. Ajoutez les lardons que vous avez mis de côté. Mélangez bien la sauce.

5 Vérifiez que la préparation n'attache pas. Couvrez et laissez cuire encore de 3 à 5 minutes. Coupez la viande en quatre morceaux, mettez-la dans un plat et nappez-la de sauce.

› Ma variante

Si vous craignez que la viande ne soit trop parfumée, vous pouvez supprimer les câpres, à la saveur aigrelette. Vous pouvez les remplacer par une pincée d'herbes de Provence ou d'origan, dont l'accord est moins surprenant mais tout aussi goûteux. Faute de vinaigre de xérès, choisissez un vinaigre balsamique, très doux et généreusement parfumé, ou un vinaigre de vin à l'estragon, par exemple.

Préparation : 15 minutes | Cuisson : 25 minutes | Réalisation : très facile | Coût : assez cher

Cette viande grillée dans sa sauce au vinaigre de xérès exhale un merveilleux bouquet. Une recette digne d'un grand chef, qui reste pourtant simple et diététique.

Mon astuce

Aimez-vous la viande bleue, à point ou cuite ? Selon votre réponse et l'épaisseur de l'entrecôte, le temps de cuisson peut varier de 15 à 30 minutes. Pour une cuisson plus rapide, vous pouvez couper la viande en cubes, plus ou moins gros, ou en lanières. Elle sera plus vite saisie et le temps de cuisson plus réduit.

Tomates *farcies*

Ingrédients
(pour 4 personnes)

- 8 tomates
- 1 botte de persil
- 300 g de bœuf haché
- 300 g de chair à saucisse
- 1 oignon
- 1 tasse de riz
- 2 gousses d'ail
- 2 feuilles de laurier
- 2 cuil. à soupe d'huile d'olive
- sel, poivre

1 Préchauffez le four à 210 °C (th. 7). Pelez et émincez les gousses d'ail et l'oignon. Lavez, essorez et ciselez le persil.

2 Dans un saladier, mélangez le bœuf haché et la chair à saucisse. Ajoutez le persil, l'ail et l'oignon. Salez et poivrez.

3 Lavez les tomates, débarrassez-les de leur pédoncule. Tranchez le sommet et conservez les chapeaux. Évidez l'intérieur en évitant d'abîmer la peau.

4 Au fond de chaque tomate, mettez un peu de riz, puis garnissez-les de farce. Mettez les feuilles de laurier avec l'huile d'olive dans un plat allant au four.

5 Disposez les tomates dans le plat. Couvrez-les de leurs chapeaux et d'une feuille d'aluminium. Enfournez-les et retirez le papier d'aluminium après 1/2 heure de cuisson.

› Ma variante

Tomates farcies aux champignons et au jambon blanc : rincez et coupez le chapeau de 8 tomates, évidez-les. Égouttez et mixez 500 g de champignons de Paris en boîte. Dans une poêle, faites revenir 1 oignon émincé dans 2 cuillerées à soupe d'huile d'olive. Ajoutez les champignons mixés et 1 gousse d'ail émincée. Salez et poivrez. Versez 20 cl de vin blanc et 1 cuillerée à soupe de concentré de tomate. Remuez et laissez mijoter 15 minutes. Les champignons sont cuits lorsqu'ils ne rendent plus d'eau. Hachez 200 g de talon de jambon. Incorporez-le aux champignons, ajoutez 2 cuillerées à soupe de chapelure, garnissez les tomates du mélange et mettez au four 35 minutes à 180 °C (th. 6).

Un classique de la cuisine française. À la chair à saucisse, au bœuf haché, au jambon blanc ou aux restes de pot-au-feu, elles sont très rapides et très simples à confectionner.

› Mon astuce

Recouvrir les tomates de papier d'aluminium permet de les rendre plus moelleuses. Le riz au fond des tomates absorbe l'eau que les tomates rendent en cuisant.

Poulet émincé *aux épices et à la crème*

Ingrédients
(pour 4 personnes)

- 4 blancs de poulet
- 2 gousses d'ail
- 1 oignon
- 30 g de gingembre
- 2 cuil. à soupe d'huile
- 1 cuil. à café de paprika
- 2 clous de girofle
- 2 cuil. à soupe de vin blanc
- cardamome
- 20 cl de crème fraîche
- coriandre fraîche
- sel, poivre

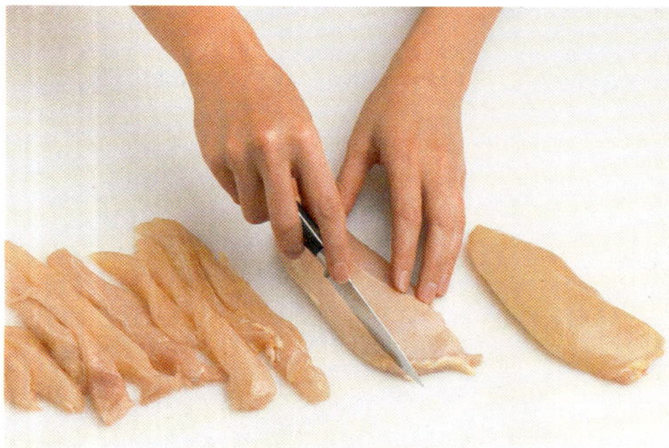

1 Aplatissez les blancs de poulet sur une planche et coupez-les en lamelles de 5 cm de long environ. Réservez-les dans une assiette. Salez et poivrez.

2 Pelez les gousses d'ail, écrasez-les au presse-ail ou hachez-les. Épluchez l'oignon et émincez-le finement. Pelez le gingembre et hachez-le.

3 Dans une grande poêle, faites chauffer l'huile et mettez l'oignon à dorer en remuant avec une spatule. Dès qu'il commence à blondir, ajoutez l'ail, le gingembre et les épices. Mélangez.

4 Ajoutez les morceaux de poulet et faites-les dorer de tous les côtés en remuant. Arrosez de vin blanc et grattez les sucs de cuisson. Couvrez et laissez cuire 10 minutes.

5 Versez la crème et laissez cuire jusqu'à ébullition. Remuez pour que la crème imprègne bien le poulet. Mettez dans un plat chaud et parsemez de coriandre fraîche hachée.

› Mon astuce

Pour gagner du temps, vous pouvez utiliser des herbes surgelées. Lorsque vous achetez un bouquet d'herbes fraîches et que vous n'utilisez pas tout, mettez-le dans un verre d'eau au réfrigérateur. Il se conservera plus d'une semaine.
Vous pouvez également laver les herbes, les sécher et les ciseler, puis les mettre au congélateur dans un sac de congélation. Mêmes recommandations pour l'oignon : achetez des oignons hachés surgelés ou préparez-les et congelez-les.

Préparation : 10 minutes | Cuisson : 20 minutes | Réalisation : très facile | Coût : bon marché

Un plat savoureux à préparer pour des amis arrivés à l'improviste.
On ne se lasse pas du poulet émincé à la crème cuisiné sur cette base :
il suffit de faire varier les épices.

› Mon marché

Vous pouvez utiliser de la crème fraîche épaisse ou liquide allégée. Aujourd'hui, ces crèmes supportent bien la cuisson. Achetez des blancs de poulet fermier et coupez des morceaux assez épais afin qu'ils restent tendres. Il faut compter de 100 à 150 g par personne.

Cuisses de poulet *au vinaigre*

Ingrédients
(pour 4 personnes)

- 4 cuisses de poulet
- 1 tête d'ail
- 2 échalotes
- 1 cube de bouillon de volaille
- 15 cl de vinaigre
- 2 feuilles de laurier
- 1 cuil. à soupe d'huile d'olive
- sel, poivre

1 Dans une grande sauteuse, faites chauffer l'huile d'olive et faites-y dorer les cuisses de poulet sur toutes les faces. Salez légèrement et poivrez généreusement.

2 Détachez toutes les gousses d'ail de la tête et frottez-les entre les mains pour retirer les premières peaux, mais ne les épluchez pas, rincez-les simplement.
Épluchez et émincez les échalotes.

3 Ajoutez l'ail et les échalotes dans la sauteuse lorsque les morceaux de poulet sont revenus.
Faites dissoudre le bouillon cube dans un grand verre d'eau bouillante.

4 Mettez dans la sauteuse les feuilles de laurier, le vinaigre et le bouillon. Laissez mijoter 30 minutes à couvert.

5 S'il y a trop de jus de cuisson, faites cuire encore quelques minutes à feu vif, à découvert.
Retirez les feuilles de laurier et disposez le poulet dans quatre assiettes.

› Mon astuce

Vous pouvez doubler la dose de vinaigre. Dans ce cas, ne mettez pas de bouillon cube.
À l'inverse, vous pouvez ne mettre que le bouillon cube dilué dans 20 cl d'eau.
Pour une saveur plus douce, en fin de cuisson, ajoutez 2 cuillerées à soupe de crème fraîche.

Préparation : 10 minutes | Cuisson : 35 minutes | Réalisation : très facile | Coût : bon marché

Voici une recette toute simple qui conviendra aussi bien pour un dîner chic que pour un repas improvisé avec des copains. Un plat qui nécessite peu d'ingrédients et qui n'en est pas moins savoureux.

Mon conseil santé

Le poulet est une viande saine, maigre et bon marché, qui offre l'énorme avantage de plaire aux enfants. C'est une excellente source de protéines, puisqu'il apporte 22 g de protides pour 100 g de poulet grillé. Les protéines sont précieuses, car elles participent à la croissance et à la réparation des cellules. Elles sont également transformées en anticorps. Le poulet apporte également des vitamines, notamment du groupe B, essentielles au bon fonctionnement de l'organisme.

Poulet *à l'ananas et poivron*

Ingrédients
(pour 4 personnes)

- 4 blancs de poulet
- 6 tranches d'ananas au sirop
- 1 poivron rouge
- 200 g de petits pois surgelés
- 1 oignon
- 4 cuil. à soupe d'huile
- 8 cuil. à soupe de sauce soja
- 1 cuil. à soupe de Maïzena

1 Coupez les blancs de poulet en lanières et faites-les mariner 1 heure dans un plat avec 6 cuillerées à soupe de sauce soja et 2 cuillerées à soupe d'huile.

2 Pelez l'oignon et émincez-le. Pelez le poivron avec un couteau économe, éliminez les graines et les membranes et coupez-le en lanières.

3 Coupez les tranches d'ananas en morceaux. Faites chauffer 2 cuillerées à soupe d'huile dans une sauteuse ou un wok.

4 À feu vif, faites revenir les oignons, le poivron et les petits pois en remuant régulièrement pendant 5 minutes. Ajoutez les ananas et le poulet égouttés, toujours en remuant.

5 Au bout de 8 minutes, versez 2 cuillerées à soupe de soja, 2 cuillerées à soupe de sirop d'ananas et la Maïzena délayée dans 2 cuillerées à soupe d'eau. Remuez, donnez un bouillon et servez.

› Ma variante

Vous pouvez supprimer les petits pois et ajouter un petit bouquet de feuilles de coriandre ciselées en fin de cuisson. Employez de l'huile de sésame très parfumée qui enrichira les saveurs de cette recette. Vous pouvez également faire griller 2 cuillerées à soupe de graines de sésame et en saupoudrer le plat.

Préparation : 15 minutes | Marinade : 1 heure | Cuisson : 15 minutes | Réalisation : très facile | Coût : bon marché

Une recette exotique à cuisiner au dernier moment. N'oubliez cependant pas de prévoir le temps de marinade qui lui donnera toute sa saveur.

› Mon astuce

Pour gagner du temps, il n'est pas nécessaire de faire mariner le poulet. Vous pouvez utiliser un petit ananas frais, plus goûteux et plus parfumé. Dans ce cas, ajoutez un peu de jus d'ananas et 1 cuillerée à café de sucre à la sauce de cuisson.

Poulet mariné *au vinaigre balsamique*

Ingrédients
(pour 4 personnes)

- 4 blancs de poulet
- 6 cuil. à soupe de vinaigre balsamique
- 2 gousse d'ail écrasées
- 2 cuil. à soupe de sucre
- 1/2 bouillon cube
- 200 g de riz long grain
- 1 cuil. à soupe de curcuma
- 20 g de beurre
- 1 cuil. à soupe d'huile d'olive
- 1 tablette de concentré de volaille
- 1 oignon émincé
- sel, poivre

1 Délayez la tablette de concentré de volaille dans 60 cl d'eau bouillante. Faites fondre le beurre et l'huile dans une sauteuse, versez-y l'oignon, puis le riz.

2 Remuez avec une cuillère en bois. Lorsque les grains de riz deviennent translucides, ajoutez le concentré de volaille et le curcuma. Couvrez et laissez cuire entre 15 et 20 minutes.

3 Délayez le demi-cube de bouillon dans 20 cl d'eau chaude. Faites mariner 10 minutes les blancs de poulet dans le bouillon, le vinaigre, le sucre et l'ail. Retirez-les de la marinade.

4 Faites cuire les blancs de poulet à la poêle en les saisissant 4 minutes de chaque côté. Dans une petite casserole, faites réduire la marinade.

5 Confectionnez des timbales de riz dans des petits bols, retournez-les sur des assiettes, disposez les blancs de poulet et nappez de marinade.

› Ma variante

Si vous n'avez pas le temps de faire mariner le poulet, coupez-le en gros morceaux. Faites dorer 1 oignon émincé dans 2 cuillerées d'huile d'olive, ajoutez le poulet, faites dorer l'ensemble, incorporez 120 g de crème fraîche et 5 cuillerées à soupe de vinaigre balsamique. Laissez mijoter quelques minutes et servez.

Préparation : 20 minutes | Cuisson : 45 minutes | Réalisation : très facile | Coût : bon marché

Vous serez surpris par cette saveur sucrée-salée qui révélera toute l'onctuosité du poulet. Un mets vraiment raffiné réalisé avec des ingrédients simples.

› Mon astuce

Pour un plat encore plus original, proposez de la semoule avec le poulet. Versez 20 cl de bouillon de volaille chaud sur 300 g de graines de couscous. Laissez gonfler au moins 5 minutes. Dans une sauteuse, faites revenir 2 gousses d'ail écrasées dans une grosse noix de beurre, ajoutez la semoule, faites chauffer l'ensemble quelques minutes et servez.

Galettes de poulet *au citron vert*

Ingrédients
(pour 4 personnes)

- 400 g de blanc de poulet
- 1 citron vert
- 1 cuil. à café de cumin en poudre
- 1 pincée de gingembre
- 1 œuf
- 1 oignon
- 1 cuil. à soupe de farine
- 2 cuil. à soupe d'huile
- sel, poivre

1 Préchauffez le four à 210 °C (th. 7). Passez le poulet au mixeur ou hachez-le finement. Pelez l'oignon et hachez-le.

2 Lavez le citron, essuyez-le et râpez le zeste. Dans un saladier, mélangez le poulet, le cumin, le gingembre, l'œuf, l'oignon et zeste de citron. Arrosez d'un filet de citron vert.

3 Salez et poivrez la farce. Divisez-la en 8 morceaux. Roulez entre les paumes une boule de farce et écrasez-la pour former une galette. Farinez les galettes.

4 Faites chauffer l'huile dans une poêle antiadhésive. Déposez les galettes dans l'huile à l'aide d'une spatule et faites-les dorer 2 minutes de chaque côté.

5 Placez les galettes de poulet dans un plat ou sur la plaque du four huilée. Enfournez-les et faites-les cuire 15 minutes. Servez chaud.

› Ma variante

Si vous appréciez la saveur fraîche du citron vert, vous pouvez l'accentuer en ajoutant quelques feuilles de menthe fraîche hachées ou de la coriandre. Vous pouvez également saupoudrer d'un peu de coriandre, qui s'accorde bien avec le cumin. Vous pouvez remplacer la farine par de la chapelure.

Préparation : 15 minutes | *Cuisson : 20 minutes* | *Réalisation : très facile* | *Coût : bon marché*

Ces galettes croustillantes exhalent des saveurs fraîches et relevées, grâce à la présence du citron vert et des épices.

› Mon astuce

Préparez les galettes à l'avance et faites-les cuire au four avant de les servir. Vous pouvez également les congeler. Dans ce cas, prolongez leur cuisson (10 minutes à feu doux). Au moment de servir, réchauffez-les 15 minutes environ au four traditionnel (le four à micro-ondes multifonction qui décongèle et qui cuit est idéal).

›| Accompagnements

Tian *de légumes du soleil*

Ingrédients
(pour 4 à 6 personnes)

- 2 aubergines
- 2 courgettes
- 4 tomates
- 1 oignon
- 2 gousses d'ail
- 4 cuil. à soupe d'huile
- 4 branches de thym
- 2 branches de romarin
- sel, poivre

1 Préchauffez le four à 210 °C (th. 7). Rincez et épongez les tomates. Retirez leur pédoncule, coupez-les en tranches épaisses et éliminez les pépins.

2 Rincez les courgettes et les aubergines et épongez-les dans du papier absorbant. Retirez les extrémités et coupez les légumes en rondelles épaisses de 1 cm.

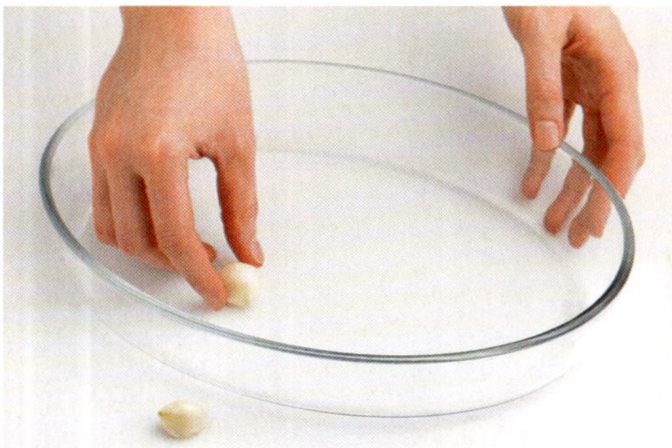

3 Pelez l'ail et l'oignon. Émincez l'oignon. Avec une gousse d'ail coupée en deux, frottez un plat à gratin et huilez le fond du plat. Dégermez et écrasez l'ail au presse-ail.

4 Répartissez l'oignon dans le fond du plat. Rangez verticalement les tranches de légumes les unes contre les autres en alternant aubergine, tomate, courgette.

5 Dans un bol, mélangez l'huile, les herbes, l'ail et versez le tout sur les légumes. Salez et poivrez. Faites cuire environ 45 minutes : les légumes doivent être tendres et légèrement gratinés.

› Ma variante

Vous pouvez ajouter à cette préparation un ou deux poivrons que vous couperez en petits dés et que vous parsèmerez sur toute la surface du plat. Vous pouvez faire macérer les légumes dans le mélange d'huile, d'ail et d'herbes, dans un saladier et présenter les légumes en vrac dans le plat. Le résultat est plus rustique, mais gagne en saveur.

Préparation : 15 minutes | Cuisson : 45 minutes | Réalisation : très facile | Coût : bon marché

Voici une belle farandole de légumes tendres et savoureux, réalisée en un clin d'œil. Ces légumes méditerranéens lentement mijotés exhalent tous leurs parfums.

› Mon astuce

Choisissez un tian, un plat en terre cuite ou en porcelaine, qui a donné son nom à ce mets. Préférez un plat de forme carrée (25 cm environ) pour bien ranger les légumes.

Courgettes *farcies*

Ingrédients
(pour 4 personnes)

- 4 courgettes
- 200 g de steak haché
- 100 g de jambon
- 1 gousse d'ail
- 1 oignon
- 4 cuil. à soupe de chapelure
- 1 œuf
- 1 cuil. à café de thym
- huile d'olive
- sel, poivre

1 Coupez les courgettes en deux dans le sens de la longueur. À l'aide d'un couteau économe ou d'une cuillère, creusez l'intérieur.

2 Préchauffez le four à 180 °C (th. 6). Pelez et hachez l'ail et l'oignon. Coupez grossièrement la chair de courgette récupérée.

3 Mixez ou hachez le jambon. Ajoutez (dans le mixer ou dans un saladier) le steak, l'ail et l'oignon hachés ainsi que la chair de courgette et le thym. Mixez à nouveau.

4 Ajoutez l'œuf et 3 cuillerées de chapelure. Salez et poivrez. Mélangez à nouveau le tout. Garnissez les courgettes de cette farce.

5 Faites couler un filet d'huile d'olive sur les courgettes et saupoudrez-les de la chapelure qui reste. Disposez-les directement sur la plaque du four légèrement huilée. Enfournez-les et laissez-les cuire de 30 à 40 minutes.

› Ma variante

Traditionnellement, les farces se font avec de l'épaule d'agneau ou un mélange de veau et de jambon, mais vous pouvez également choisir de n'utiliser que du steak ou encore de la chair à saucisse. Vous pouvez remplacer l'oignon par deux échalotes et préférer assaisonner avec du persil. Certains ajoutent deux tomates pelées et concassées à la farce.

Préparation : 15 minutes | *Cuisson : 40 minutes* | *Réalisation : très facile* | *Coût : bon marché*

Issues de la cuisine traditionnelle niçoise, les courgettes farcies représentent un plat complet, fondant et plutôt diététique. Vous apprécierez cette recette facile à faire.

› Mon astuce

Pour un buffet ou une réception, vous pouvez couper les courgettes dans le sens de la largeur (en tronçons d'environ 4 cm d'épaisseur) de manière à obtenir des minicourgettes farcies. Creusez légèrement les tronçons de courgette et suivez la recette.

Courgettes *sautées à la menthe*

Ingrédients
(pour 4 personnes)

- 1 kg de petites courgettes
- 1 botte d'oignons nouveaux
- 1 cuil. à soupe d'ail coupé surgelé
- 3 cuil. à soupe d'huile d'olive
- quelques feuilles de menthe
- sel, poivre

1 Rincez soigneusement les courgettes – inutile de retirer la peau. Coupez les deux extrémités. Puis coupez-les en fines rondelles.

2 Retirez les tiges vertes des oignons et supprimez la première pellicule de leur peau. Coupez-les en deux.

3 Dans une sauteuse, faites revenir les oignons et l'ail à l'huile. Veillez à ne pas trop faire cuire l'ail sous peine qu'il ne dégage une odeur rance.

4 Ajoutez les rondelles de courgettes dans la sauteuse. Salez et poivrez généreusement. Remuez bien.

5 Laissez cuire les courgettes entre 5 et 10 minutes selon le résultat désiré : légumes croquants ou plus cuits. Lavez, puis ciselez la menthe au-dessus des courgettes. C'est prêt !

› Ma variante

Pour une saveur orientale, ou pour ceux qui trouvent que le goût des courgettes est trop fade malgré l'ail et les oignons, ajoutez une pointe de cumin, c'est succulent. Remplacez la menthe par du basilic, du persil ou un mélange des deux. Vous pouvez aussi réaliser cette recette en râpant les courgettes comme les carottes avec un robot muni d'une grille à gros trous.

Préparation : 10 minutes | Cuisson : 10 minutes | Réalisation : très facile | Coût : bon marché

Un légume sain et léger, qui accompagnera parfaitement les grillades au barbecue l'été. Revenues dans un filet d'huile d'olive, les courgettes se laissent fondre dans la bouche.

› Mon marché

Choisissez des petites courgettes bien vertes, presque brillantes. Vous pouvez acheter un sachet de 1 kg de courgettes surgelées en rondelles, mais les légumes frais conviennent mieux lorsqu'ils sont juste sautés, car les courgettes surgelées rendent beaucoup d'eau tout en gardant un aspect spongieux. Réservez, si vous le pouvez, les courgettes surgelées pour les gratins ou les soupes, où elles sont idéales.

Aubergines *en rondelles gratinées*

Ingrédients
(pour 4 personnes)

- 2 belles aubergines
- 1 boîte de tomates concassées
- 1 boule de mozzarella
- 2 cuil. à soupe d'ail haché surgelé
- 50 g de parmesan râpé
- 2 cuil. à soupe de basilic surgelé
- 3 cuil. à soupe d'huile d'olive
- sel, poivre

1 Préchauffez le four à 210 °C (th. 7). Lavez et essuyez les aubergines, puis coupez-les en rondelles de 1 cm d'épaisseur.

2 Posez les rondelles d'aubergine sur du papier absorbant, entaillez-les en deux ou trois endroits, parsemez-les de sel fin et laissez-les dégorger 15 minutes.

3 Pendant ce temps-là, dans une sauteuse, faites revenir les tomates concassées avec l'ail et le basilic dans un peu d'huile d'olive pendant 10 minutes. Poivrez.

4 Coupez la mozzarella en dés. Essuyez les aubergines avec du papier absorbant et mettez-les dans un plat allant au four.

5 Disposez sur chaque rondelle d'aubergine un peu de tomates concassées, de la mozzarella, du parmesan râpé et aromatisez-les d'un filet d'huile d'olive. Passez au four 25 minutes.

› Ma variante

Conservez les aubergines à la façon italienne, qui consiste à les faire confire. En fait, les aubergines, débitées en épaisses rondelles, cuisent dans du jus de citron et du miel, puis macèrent, de 4 à 6 semaines au minimum, dans de l'huile d'olive avec de l'ail, des feuilles de basilic et des épices (coriandre, piment...).

Préparation : 15 minutes | Cuisson : 35 minutes | Réalisation : très facile | Coût : bon marché

Voici un joli plat de légumes et de fromage aux saveurs méridionales. L'amertume de l'aubergine est adoucie par le fondant de la mozzarella.

› Mon astuce

Faire dégorger au préalable les aubergines leur permet de ne pas trop s'imbiber de graisse au moment de la cuisson.

Couscous *de légumes*

Ingrédients
(pour 4 personnes)

- 1 courgette
- 1 poivron rouge ou vert
- 4 carottes
- 1 navet
- 1 boîte de pois chiches
- 1 oignon
- 1 cube de bouillon de volaille
- 1 brique de sauce tomate
- 1 pincée de safran
- 1/2 cuil. à café de ras el-hanout
- 300 g de semoule fine
- 40 g de beurre
- huile d'olive
- sel, poivre

1 Pelez les carottes et le navet. Coupez les carottes en rondelles et le navet en cubes. Lavez la courgette et coupez-la en cubes. Épluchez l'oignon et émincez-le.

2 Dans un faitout, faites revenir l'oignon dans 1 cuillerée d'huile d'olive. Ajoutez les carottes, le navet, la sauce tomate, les épices, le cube de bouillon et 25 cl d'eau. Portez à ébullition.

3 Lavez le poivron et coupez-le en lanières. Égouttez les pois chiches. Au bout de 10 minutes, ajoutez le poivron, la courgette et les pois chiches, couvrez et poursuivez la cuisson 30 minutes.

4 Dix minutes avant de servir, préparez la semoule : faites chauffer 30 cl d'eau. Mettez la semoule dans un grand plat creux, versez l'eau bouillante et le beurre en morceaux, mélangez et couvrez.

5 Au bout de 5 minutes, salez et poivrez la semoule et égrenez-la à la fourchette. Servez les légumes avec leur sauce dans un légumier et la semoule à part.

› Mon astuce

Si vous possédez un couscoussier, faites cuire les légumes dans la partie basse. Garnissez le haut d'un torchon, versez-y la semoule, arrosez-la d'un peu d'huile d'olive, salez et mélangez. Remettez le haut du couscoussier sur le bas, couvrez et laissez cuire à la vapeur. Lorsque le couscous est bouillant, versez la semoule dans un plat, arrosez-la d'un verre d'eau et égrenez-la à la fourchette. Laissez-la reposer et remettez-la dans le haut du couscoussier pour la réchauffer 10 minutes avant de servir. Enfin versez la semoule dans un plat avec du beurre.

Préparation : 20 minutes | Cuisson : 40 minutes | Réalisation : très facile | Coût : bon marché

Le couscous est le plat convivial par excellence, avec ses légumes savoureux cuits dans un bouillon épicé. C'est aussi une excellente manière de manger au moins cinq légumes et un féculent.

Omelette *garnie*

Ingrédients
(pour 4 personnes)

- 4 tranches de jambon
- 1 sachet de fromage râpé
- 200 g de champignons de Paris
- 3 tomates
- 8 œufs
- 10 cl de lait
- 1 noix de beurre
- huile de tournesol
- sel, poivre

1 Cassez les œufs au-dessus d'un grand bol. Ajoutez le lait et remuez avec un fouet métallique. Incorporez le fromage râpé, salez, poivrez et remuez à nouveau.

2 Préparez les légumes : lavez-les, posez-les sur un papier absorbant. Coupez les tomates en quartiers, les champignons en lamelles et le jambon en dés.

3 Dans une poêle, faites revenir les champignons dans un peu d'huile ; ajoutez les tomates et le jambon, laissez cuire 3 minutes de plus. Salez, poivrez, et réservez sur une assiette.

4 Faites fondre le beurre dans la poêle. Versez 1/4 de l'omelette et faites cuire uniformément à l'aide d'une spatule.

5 Répartissez un peu de garniture sur une moitié d'omelette, rabattez dessus l'autre côté. Réservez au chaud et répétez l'opération pour chaque omelette.

› Mon astuce

Quelques astuces pour que votre omelette ait fière allure. La préparation tout d'abord : assurez-vous que vous avez battu les œufs jusqu'à la formation d'une mousse à la surface, condition sine qua non pour que votre omelette soit légère. La cuisson ensuite : la poêle doit être très chaude et huilée de façon uniforme. Dès que les bords de l'omelette sont fermes, soulevez-la avec la spatule pour faire couler la partie liquide non cuite à l'endroit de la poêle ainsi découvert. Continuez ainsi jusqu'à ce que toute l'omelette soit cuite, en fonction des goûts de chacun : baveuse ou à point...

Préparation : 10 minutes | *Cuisson : 15 minutes* | *Réalisation : très facile* | *Coût : bon marché*

Avec les produits de base qu'il reste en cuisine, il est toujours possible de concocter des petits plats simples. Cette omelette onctueuse et bien garnie calera les plus affamés.

› Ma variante

Des idées de garnitures : petits pois, fines herbes (persil, ciboulette, cerfeuil et estragon), tomates, oignons, lardons, saucisses, pommes de terre… voire même un reste de pâtes !

Omelette *aux poireaux et à la mozzarella*

Ingrédients
(pour 4 personnes)

- 6 œufs
- 4 blancs de poireau
- 1 boule de mozzarella (100 g)
- 2 cuil. à soupe d'huile d'olive
- sel, poivre

1 Rincez les blancs de poireau sous l'eau fraîche. Égouttez-les bien, puis coupez-les en fines rondelles.

2 Sur une petite planche, coupez la mozzarella en tranches, puis recoupez-la dans l'autre sens afin d'obtenir des petits dés.

3 Cassez les œufs dans un saladier. Ajoutez le sel et le poivre. Fouettez énergiquement avec un fouet pour rendre la préparation mousseuse.

4 Versez l'huile dans une poêle antiadhésive. Ajoutez les blancs de poireau et laissez-les blondir. Versez ensuite les œufs battus en les répartissant bien dans la poêle.

5 Faites de petits trous dans l'omelette avec la spatule pour aider la cuisson. Lorsque l'omelette commence à prendre, parsemez-la des dés de mozzarella. Couvrez la poêle et laissez cuire jusqu'à ce que l'omelette soit prise.

› Mon marché

Comment choisir les poireaux ? Ils doivent être bien rigides, la base doit être bien blanche et les fanes ne doivent pas être flétries. Pour les laver : coupez le plumet à la base et l'excédent vert des feuilles. Fendez le poireau dans sa longueur et passez-le sous l'eau pour retirer la terre. Si vous ne les mangez pas rapidement, congelez-les aussitôt. Coupez-les en tronçons de 10 cm ou en rondelles (en vue d'une soupe) et mettez-les dans un sac de congélation.

Préparation : 10 minutes | *Cuisson : 10 minutes* | *Réalisation : très facile* | *Coût : bon marché*

Le parfum délicat des poireaux poêlés et le moelleux de la tendre mozzarella donnent à cette omelette une saveur et un fondant inédits. L'omelette garnie est un plat équilibré qui peut s'improviser à la dernière minute.

› Mon astuce

Pour rendre une omelette bien mousseuse, battez-la énergiquement au fouet et ajoutez 1 cuillerée à soupe de crème fraîche ou 1 cuillerée à soupe de lait par œuf. Vous pouvez assaisonner l'omelette avec une pincée de noix de muscade ou de paprika doux.

Lasagnes *gratinées*

Ingrédients
(pour 4 personnes)

- 400 g de lasagnes
- 500 g de bœuf haché surgelé
- 2 boîtes de tomates concassées
- 1 carotte
- 1 oignon
- 1 branche de céleri
- persil surgelé
- 1 boule de mozzarella
- 150 g de parmesan râpé
- 2 cuil. à soupe d'huile d'olive
- sel, poivre

1 Préchauffez le four à 200 °C (th. 7). Faites décongeler la viande 5 minutes au micro-ondes. Épluchez et émincez en tout petits dés la carotte, le céleri et l'oignon.

2 Dans une sauteuse, versez l'huile d'olive et faites revenir les légumes avec la viande hachée. Salez, poivrez et saupoudrez de persil.

3 Ajoutez les tomates concassées, rectifiez l'assaisonnement. Laissez mijoter à feu doux 30 minutes.

4 Faites cuire les lasagnes 10 minutes à l'eau bouillante salée. Égouttez-les et posez-les sur un linge. Coupez la mozzarella en tranches.

5 Beurrez un plat à gratin, étalez une couche de lasagnes, ajoutez de la sauce tomate à la viande, de la mozzarella, saupoudrez de parmesan et recommencez l'opération. Enfournez pendant 30 minutes.

› Ma variante

Adaptez ces lasagnes selon vos réserves. Si vous avez 1 kg d'épinards congelés, concoctez des lasagnes aux épinards avec une brique de 50 cl de béchamel prête à l'emploi, pour un effet tout aussi réussi.

Préparation : 15 minutes | *Cuisson : 1 heure 15* | *Réalisation : très facile* | *Coût : bon marché*

Comment faire plaisir à sa petite famille alors qu'on n'a guère de temps devant soi ? Avec une boîte de lasagnes, une de tomates, un ou deux légumes, du steak haché, une boule de mozzarella, et le tour est joué !

› Mon astuce

Laissez les lasagnes 5 minutes supplémentaires sous le gril du four pour les faire gratiner en vous assurant qu'elles ne dorent pas trop vite. Vous pouvez remplacer la mozzarella par une brique de 20 cl de béchamel. À la place des tomates concassées en boîte, vous pouvez opter pour des briques de coulis longue conservation ou pour des tomates concassées surgelées. Vous pouvez ajouter des oignons surgelés ou des échalotes, qui relèveront le plat – il suffit de les intégrer à la viande en début de cuisson.

Lasagnes *au saumon, épinards*

Ingrédients
(pour 4 à 6 personnes)

- 1 boîte de feuilles de lasagnes à cuire
- 800 g d'épinards en branches surgelés
- 2 briques de béchamel
- 4 pavés de saumon surgelés
- 150 g de gruyère râpé
- sel, poivre

1 Dans une grande casserole d'eau bouillante salée, faites précuire les feuilles de lasagnes selon le temps indiqué. Elles doivent ressortir molles. Posez-les sur un papier absorbant.

2 Faites décongeler les épinards au micro-ondes et égouttez-les en les pressant avec une fourchette pour les débarrasser de leur eau.
Salez et poivrez.

3 Préchauffez le four à 210 °C (th. 7).
Faites décongeler les pavés de saumon au micro-ondes, émiettez-les avec les doigts et réservez-les.

4 Huilez généreusement un plat à gratin et alternez des couches de lasagnes, d'épinards, de béchamel, de saumon et de gruyère râpé. Renouvelez jusqu'à épuisement des ingrédients.

5 Terminez par une couche de lasagnes recouverte d'un peu de béchamel et de beaucoup de gruyère râpé. Mettez au four 35 minutes.

› Ma variante

Vous pouvez aussi utiliser du saumon fumé et remplacer le gruyère par du parmesan.

Préparation : 20 minutes | *Cuisson : 45 minutes* | *Réalisation : très facile* | *Coût : bon marché*

Un plat complet qui change des lasagnes à la bolognaise.
Les pâtes et le saumon se marient à la perfection et se laissent déguster sans effort.

› Mon astuce

Réalisez votre béchamel : dans une casserole à fond épais, faites fondre 50 g de beurre.
Ajoutez 3 cuillerées à soupe de farine, battez vivement au fouet métallique.
Versez peu à peu 1 litre de lait et portez à ébullition sans cesser de remuer avec une cuillère en bois.
La sauce est prête quand elle devient épaisse et qu'elle nappe la cuillère. Salez et poivrez.

Gratin de penne *aux aubergines*

Ingrédients
(pour 4 personnes)

- 300 g de penne
- 1 aubergine
- 1 boîte de tomates concassées
- 4 tomates séchées à l'huile
- 2 gousses d'ail
- 1 oignon
- 2 cuil. à soupe de parmesan râpé
- 2 cuil. à soupe de chapelure
- 1 cuil. à soupe d'origan
- huile

1 Pelez l'oignon et hachez-le finement. Pelez les gousses d'ail et écrasez-les au presse-ail. Faites chauffer 2 cuillerées à soupe d'huile dans une sauteuse.

2 Faites blondir les oignons 5 minutes dans une sauteuse en remuant régulièrement. Pendant ce temps, coupez grossièrement les tomates séchées. Lavez l'aubergine et coupez-la en petits cubes.

3 Dans la sauteuse, ajoutez les tomates avec leur jus, les tomates séchées, l'ail, l'aubergine et l'origan. Salez et poivrez. Laissez frémir en remuant. Couvrez et laissez cuire 15 minutes.

4 Pendant ce temps, faites chauffer une grande casserole d'eau salée. À ébullition, faites cuire les penne 10 minutes. Préchauffez le four à 200 °C (th. 6-7). Égouttez les pâtes.

5 Versez les pâtes dans un plat à gratin et arrosez-les de sauce. Parsemez-les de parmesan et de chapelure. Laissez-les gratiner 15 minutes jusqu'à ce que le gratin soit croustillant.

› Ma variante

Il existe de nombreuses variantes de sauces tomates : vous pouvez remplacer les tomates séchées par 1 cuillerée à soupe de concentré de tomate. L'enrichir de 5 cl de vin rouge et de 1 cuillerée à café de sucre afin d'annuler l'acidité de la tomate.

Préparation : 10 minutes | Cuisson : 35 minutes | Réalisation : très facile | Coût : bon marché

Les aubergines enrichissent la sauce tomate de leur saveur délicate pour aromatiser ces pâtes gratinées au parmesan. Un plat énergisant, mais très digeste. Vous pouvez préparer la sauce à l'avance et la congeler.

› Mon astuce

Si vous n'avez pas peur des calories, coupez une boule de mozzarella en tranches assez fines. Lorsque vous avez versé la sauce sur les pâtes, recouvrez-les de mozzarella et parsemez-les de chapelure mélangée au parmesan.

Fusillis *aux brocolis et tomates cerises*

Ingrédients
(pour 4 personnes)

- 500 g de fusillis
- 1 tête de brocoli
- 1 barquette de tomates cerises
- 3 gousses d'ail
- 1/2 piment oiseau
- 2 brins de romarin
- 4 cuil. à soupe d'huile d'olive

1 Faites cuire les fusillis dans une grande casserole d'eau bouillante salée, selon le temps de cuisson indiqué par le fabricant.

2 Pendant que cuisent les pâtes, épluchez et émincez les gousses d'ail. Dans une casserole à fond épais, faites doucement revenir l'ail, le romarin et le piment coupé en petits dés.

3 Veillez à ne pas trop faire dorer l'ail, car, s'il brûle, il devient amer et son arôme se fait désagréable. Divisez la tête de brocoli en petits bouquets.

4 3 minutes avant la fin de la cuisson des pâtes, ajoutez les petits bouquets de brocoli. 2 minutes plus tard, incorporez les tomates cerises.

5 Égouttez les pâtes, le brocoli et les tomates cerises et mélangez-les aussitôt avec l'huile parfumée. Servez sans attendre.

› Mon astuce

La cuisson des pâtes est simple mais réclame un peu d'attention pour éviter qu'elles ne soient collantes ou pâteuses... Première règle : utilisez une grande casserole et mettez beaucoup d'eau – les pâtes doivent « nager ». On compte en général 1 litre d'eau pour 100 g de pâtes. Portez l'eau à ébullition et salez – environ 10 g de sel pour 100 g de pâtes. Quand l'eau bout, ajoutez les pâtes et remuez aussitôt pour éviter qu'elles ne se collent ou n'accrochent à la casserole. Maintenez l'ébullition tout au long de la cuisson pour un brassage naturel des pâtes. Pour vérifier la cuisson, une seule méthode : goûter. Le top, c'est quand elles sont al dente : avec une texture tendre mais qui résiste encore sous la dent.

Préparation : 10 minutes | *Cuisson : 15 minutes* | *Réalisation : très facile* | *Coût : bon marché*

Une « pasta party » avec un accompagnement léger de brocolis et de tomates cerises relevés d'un peu de piment… Un délice pour un repas de pâtes plutôt léger.

› Mon marché

Vous pouvez aussi utiliser des penne ou des « orecchiettes », des pâtes courtes en forme de petites oreilles qui se marient très bien avec des sauces à base de légumes.

Palets de pommes de terre *au curry*

Ingrédients
(pour 4 personnes)

- 500 g de pommes de terre
- 2 cuil. à soupe de curry
- 1 cuil. à café de paprika
- 1 cuil. à soupe de graines de cumin (facultatif)
- 80 g de beurre + 20 g
- 80 g de farine + 20 g
- 2 jaunes d'œufs + 2 pour dorer
- sel, poivre

1 Préchauffez le four à 210 °C (th. 7). Épluchez et lavez les pommes de terre. Faites-les cuire 25 minutes dans une grande marmite d'eau bouillante salée.

2 Égouttez les pommes de terre et écrasez-les au presse-purée. Incorporez les jaunes d'œufs. Ajoutez le beurre coupé en petits dés, le curry, puis, petit à petit, la farine. Salez et poivrez.

3 Roulez la pâte en boule et aplatissez-la avec la paume. Refaites une boule et aplatissez-la à nouveau. Étalez-la avec un rouleau à pâtisserie pour obtenir une galette de 1 à 2 cm d'épaisseur.

4 Découpez des disques de pâte à l'aide d'un verre. Beurrez et farinez la plaque du four. Disposez vos palets, badigeonnez-les de jaunes d'œufs.

5 Saupoudrez de paprika et parsemez de graines de cumin. Mettez au four 20 minutes. Retournez-les à mi-cuisson. Servez chaud ou tiède.

› Ma variante

Vous pouvez réaliser une galette de pommes de terre en un temps record. Épluchez 1 kg de pommes de terre et râpez-les au robot, comme des carottes. Mélangez les pommes de terre râpées avec 1 cuillerée à soupe d'ail haché, 1 jaune d'œuf et 100 g de gruyère râpé, salez et poivrez. Dans une poêle, faites chauffer 2 cuillerées à soupe d'huile d'olive et placez-y les pommes de terre. Attendez qu'un côté soit doré avant de retourner la galette. Faites-la cuire jusqu'à ce qu'elle soit bien croustillante. Vous pouvez la servir avec des tranches de lard, que vous aurez fait griller à part dans une poêle sans ajout de matière grasse.

Préparation : 15 minutes | *Cuisson : 45 minutes* | *Réalisation : très facile* | *Coût : bon marché*

Moelleux à l'intérieur et croustillants à l'extérieur, ces palets, qui sont une excellente alternative aux sempiternelles pommes de terre sautées, feront sensation.

› Mon astuce

Vous pouvez aussi faire une seule galette en mettant la pâte dans un plat à tarte.
Vous pouvez ajouter un oignon, remplacer les graines de cumin et le curry par un mélange quatre-épices.

Gratin dauphinois *aux champignons*

Ingrédients
(pour 4 personnes)

- 600 g de pommes de terre
- 500 g de champignons mélangés
- 100 g de tomme
- 40 cl de crème fraîche
- 10 cl de lait
- 30 g de beurre
- 2 cuil. à soupe d'huile d'olive
- 1 gousse d'ail
- 1 pincée de noix de muscade
- sel, poivre

1 Préparez les champignons : lavez-les rapidement sous l'eau froide, grattez-les et coupez les pieds. Faites chauffer l'huile d'olive dans une sauteuse.

2 Faites revenir les champignons 10 minutes, salez-les et réservez-les. Frottez un plat à gratin avec la gousse d'ail et beurrez-le. Épluchez les pommes de terre et coupez-les en fines lamelles.

3 Rincez-les rapidement et essuyez-les avec un linge ou du papier absorbant. Râpez la tomme. Dans un grand bol, mélangez le lait avec la crème fraîche et la noix de muscade.

4 Salez et poivrez. Posez une couche de pommes de terre dans le plat à gratin, couvrez de champignons. Versez la préparation au lait, puis le reste des pommes de terre, couvrez de tomme râpée.

5 Enfournez 1 heure. Surveillez la cuisson : si le gratin dore trop vite, couvrez-le d'une feuille de papier sulfurisé. Enfournez 50 minutes dans un four préchauffé à 180° C (th.6).

› Mon marché

L'automne, vous aurez le choix sur les étals des marchés : chanterelles, girolles, pieds-de-mouton, cèpes, trompettes, pleurotes... ou lancez-vous à la cueillette à condition d'être connaisseur.
Cueillis ou achetés, conservez les champignons 2 ou 3 jours dans le bac à légumes du réfrigérateur, recouverts de papier absorbant humide pour éviter qu'ils ne se dessèchent.

Préparation : 20 minutes | *Cuisson : 1 heure* | *Réalisation : facile* | *Coût : assez cher*

Un simple gratin de pommes de terre ?
Non, celui-ci est garni des trésors automnaux de nos sous-bois :
girolles, trompettes... Bienvenue à l'automne !

› Mon astuce

Ne laissez surtout pas tremper les champignons : il faut les rincer sous l'eau froide, car ils sont spongieux et absorbent rapidement beaucoup d'eau. S'ils contiennent beaucoup de sable, plongez-les dans un bol d'eau fraîche, faites-les tourner rapidement et sortez-les de l'eau immédiatement. Lorsque vous faites revenir les champignons dans une poêle, récupérez le jus de cuisson. Très parfumé, il relèvera sauces ou soupes.

Desserts

Madeleines *toutes simples*

Ingrédients
(pour 4 personnes)

- 200 g de farine
- 150 g de sucre
- 100 g de beurre + 20 g pour les moules
- 1 sachet de levure chimique
- 4 œufs
- 1 citron
- 1 pincée de sel

1 Préchauffez le four à 210 °C (th. 7). Dans un saladier, battez les œufs au fouet, ajoutez le sucre et fouettez jusqu'à l'obtention d'un mélange mousseux.

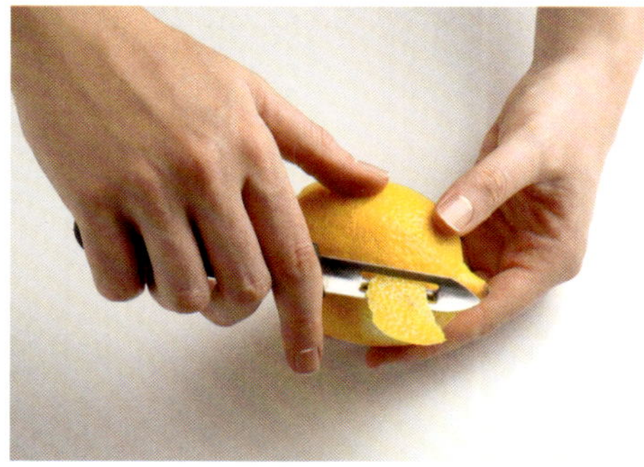

2 Ajoutez la farine tamisée, fouettez, incorporez la levure et battez de nouveau. À l'aide d'un couteau économe, prélevez le zeste du citron, hachez-le et ajoutez-le à la préparation.

3 Faites fondre le beurre et versez-le sur la préparation. Battez de nouveau, puis laissez reposer la pâte pendant 1 heure.

4 À l'aide d'un pinceau, graissez les moules de beurre fondu, saupoudrez-les d'un peu de farine et secouez-les pour en faire tomber l'excédent.

5 Remplissez les moules de la préparation et enfournez-les 8 minutes. Sortez les moules du four et laissez-les tiédir quelques minutes avant de les démouler.

› Ma variante

Remplacez le zeste de citron par 8 gouttes de fleur d'oranger. Préparez des madeleines au chocolat, en remplaçant la moitié de la farine par l'équivalent en chocolat noir. Préparez des madeleines au miel en remplaçant les 150 g de sucre en poudre par l'équivalent en miel liquide. Si vous n'avez pas de miel liquide, ou qu'il s'est solidifié, laissez-le fondre avec un peu de beurre quelques minutes dans une casserole.

Préparation : 20 minutes | *Repos : 1 heure* | *Cuisson : 8 minutes* | *Réalisation : très facile* | *Coût : bon marché*

Cette gourmandise très proustienne est un vrai régal.
La voici dans sa version la plus classique et donc peut-être la plus savoureuse.
À dévorer en cas de petite faim.

› Mon astuce

Conservez les madeleines quelques jours dans une boîte métallique à l'abri de l'humidité. Le meilleur moule à madeleines est le moule en fer, car le fer conduit plus vite la chaleur et garde les madeleines plus savoureuses.
Si vous avez le temps, laissez les madeleines reposer 2 heures, elles n'en seront que plus savoureuses.

Gaufres *à la chantilly*

Ingrédients
(pour 4 personnes)

- 250 g de farine
- 1 pincée de sel
- 4 œufs
- 75 g de beurre
- 1 sachet de levure chimique
- 15 cl de lait
- 15 cl d'eau
- 60 g de sucre
- 2 sachets de sucre vanillé
- 25 cl de crème liquide
- 30 g de sucre glace

1 Tamisez la farine dans un saladier. Ajoutez une pincée de sel, la levure, le sucre et le sucre vanillé. Formez un puits au centre.

2 Cassez les œufs et ajoutez-les un à un dans le saladier en mélangeant bien. Faites fondre le beurre et incorporez-le ainsi que le lait et l'eau. Mélangez à l'aide d'un batteur électrique.

3 Battez jusqu'à obtenir une pâte lisse et fluide. Laissez-la reposer au frais pendant 1 heure. Versez la crème liquide bien fraîche dans un récipient. Fouettez au batteur électrique.

4 Lorsqu'elle devient mousseuse, ajoutez progressivement le sucre glace. Battez environ 10 minutes : la chantilly doit être ferme. Réservez-la au frais jusqu'au moment de servir.

5 Huilez le moule à gaufres, versez-y un peu de pâte et faites cuire 3 minutes en retournant le gaufrier à mi-cuisson. Servez les gaufres au fur et à mesure nappées de chantilly.

› Ma variante

Vous pouvez parfumer la pâte avec 2 cuillerées à soupe de rhum ou d'eau de fleur d'oranger, ou encore ajouter quelques zestes râpés d'orange et de citron. Certaines recettes utilisent de la crème fraîche à la place du lait. Pour bien lisser la pâte, ajoutez un peu d'eau si nécessaire.

Préparation : 10 minutes | Repos : 30 minutes | Cuisson : 3 minutes | Réalisation : très facile | Coût : bon marché

Une partie de gaufres, et c'est la fête assurée ! Croustillantes et légères, les gaufres sont un vrai régal, nature ou garnies selon vos goûts.

› Mon astuce

Pour que la chantilly prenne idéalement, il est important que la crème liquide et le récipient soient bien froids : pensez à mettre un saladier au réfrigérateur ou mettez des glaçons dans un saladier et placez dedans un autre récipient pour y verser la crème. Vous pouvez utiliser du fixe-chantilly, en sachet, vendu dans le rayon des produits pour pâtisserie dans toutes les grandes surfaces : il accélère et garantit la prise de la chantilly. Mettez la chantilly dans une poche à douille pour former de beaux nuages.

Pancakes *en fête*

Ingrédients
(pour 4 personnes)

250 g de farine

1 sachet de levure chimique

2 cuil. à soupe de sucre

2 œufs

50 g de beurre

30 cl de lait

1 pincée de sel

1 Dans un bol, battez énergiquement les œufs et le sucre. Dans un saladier, mélangez la farine, la levure chimique et 1 pincée de sel.

2 Faites un puits dans la farine et versez-y les œufs battus. Mélangez bien. Faites fondre le beurre. Ajoutez-le à la préparation. Délayez progressivement avec le lait.

3 Vous obtenez une pâte lisse un peu épaisse. Mettez-la au réfrigérateur pendant 30 minutes. Au moment de faire les pancakes, huilez légèrement une grande poêle à revêtement antiadhésif.

4 À l'aide d'une petite louche, faites couler 3 ou 4 tas de pâte espacés. Dès que des bulles apparaissent sur les pancakes, retournez-les et laissez-les cuire encore 1 minute.

5 L'idéal est de servir les pancakes au fur et à mesure de leur cuisson. Chacun pourra les napper à sa convenance de sirop d'érable, de miel, de confiture ou les déguster avec une boule de glace.

› Mon astuce

Les pancakes se mangent nature, mais on peut les confectionner avec des fruits. Par exemple : épluchez et coupez 1 pomme en petits dés. Ajoutez les dés de pomme à la pâte avec 1 cuillerée à soupe de noisettes concassées et 1 pincée de cannelle en poudre. On peut les déguster tels quels ou beurrés. Pour graisser la poêle : piquez une demi-pomme de terre au bout d'une fourchette, trempez-la dans l'huile et passez-la dans la poêle à chaque fournée. Les pancakes cuisent 5 minutes. Selon la taille de la poêle, vous pourrez en faire cuire plusieurs à la fois. Vous pourrez également utiliser des poêlons qui servent à faire les blinis.

Préparation : 10 minutes | Repos : 30 minutes | Cuisson : 20 minutes | Réalisation : très facile | Coût : bon marché

Ces petites crêpes assez épaisses se dégustent au petit déjeuner en Amérique du Nord et au Canada. Chez nous, elles peuvent faire office de dessert ou de goûter.

› Ma variante

Il existe une variante avec les blancs montés en neige.
Suivez la recette comme indiqué et ajoutez délicatement les blancs en neige à la fin.
Le résultat est plus mousseux. Les pancakes sont effectivement plus épais, mais le goût est le même.

Tarte *aux pommes*

Ingrédients
(pour 4 à 6 personnes)

Pour la pâte brisée

- 150 g de farine
- 75 g de beurre
- 5 cl d'eau
- 1 pincée de sel

Pour la garniture

- 5 pommes boskop ou reinettes
- 180 g de crème fraîche
- 2 cuil. à soupe de sucre roux
- 1 œuf
- 1 sachet de sucre vanillé
- 4 cuil. à soupe de sucre glace

1 Coupez le beurre en dés. Versez la farine dans un saladier. Du bout des doigts, travaillez le beurre et la farine jusqu'à ce que le beurre soit complètement intégré dans la farine.

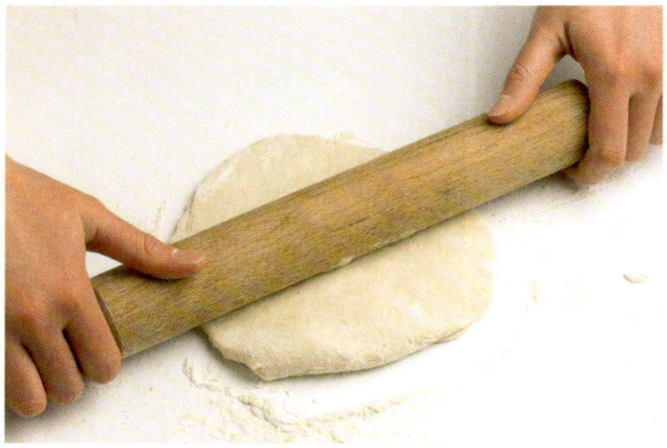

2 Ajoutez le sel et l'eau et formez une boule. Couvrez d'un linge et laissez reposer 30 minutes. Saupoudrez de farine le plan de travail et abaissez la pâte en un cercle.

3 Beurrez un moule à tarte et tapissez-le de pâte. Préchauffez le four à 180 °C (th. 6). Pelez les pommes, épépinez-les et coupez-les en lamelles.

4 Répartissez les pommes en rosace sur la pâte. Enfournez 10 minutes. Dans une jatte, battez l'œuf, ajoutez le sucre et le sucre vanillé, puis la crème fraîche, fouettez de nouveau.

5 Sortez la tarte du four, versez le mélange à la crème sur les pommes et poursuivez la cuisson 20 minutes. Saupoudrez de sucre glace et servez tiède ou froid.

› Ma variante

Proposez une tarte fine aux pommes. Étalez une pâte feuilletée avec le papier sulfurisé sur la plaque du four. Préchauffez le four à 240 °C (th. 8). Pelez 5 pommes reinettes, épépinez-les, coupez-les en fines lamelles et disposez-les en rosace. Faites fondre 30 g de beurre salé et versez-le sur les pommes. Saupoudrez de 6 cuillerées de cassonade et éventuellement de cannelle en poudre. Enfournez 20 minutes et servez tiède.

Préparation : 30 minutes | Repos : 30 minutes | Cuisson : 30 minutes | Réalisation : très facile | Coût : bon marché

Voici la recette de la traditionnelle tarte aux pommes normande, croustillante, savoureuse et crémeuse.

› Mon astuce

Si vous manquez de temps, utilisez une pâte brisée toute faite. Dans ce cas, pensez à la sortir du réfrigérateur 10 minutes avant son utilisation. Proposez une tarte moitié pommes, moitié poires et ajoutez à la crème fraîche 80 g de poudre d'amandes.

Fondants au chocolat *et au gingembre confit*

Ingrédients
(pour 6 personnes)

- 200 g de chocolat noir à pâtisserie
- 70 g de beurre
- 3 œufs
- 80 g de sucre
- 50 g de farine
- 60 g de gingembre confit

1 Préchauffez le four à 210 °C (th. 7). Découpez le gingembre en tranches, puis en petits carrés de 1 cm de côté.

2 Cassez le chocolat en morceaux et faites-le fondre avec le beurre en morceaux dans une petite casserole au bain-marie : l'eau doit frémir, seul le fond de la casserole doit baigner dans l'eau.

3 Dans un saladier, battez les œufs avec le sucre jusqu'à ce que le mélange blanchisse. Incorporez la farine. Versez le chocolat fondu dans la préparation.

4 Beurrez des ramequins et versez-y la préparation. Répartissez le gingembre dans les ramequins en l'enfonçant légèrement avec la pointe d'un couteau.

5 Faites cuire de 10 à 15 minutes. Vérifiez la cuisson avec la pointe d'un couteau : les fondants doivent être cuits sur le dessus mais liquides à l'intérieur.
Attendez 5 minutes avant de démouler.

› Ma variante

Pour une recette allégée : remplacez le sucre par de l'aspartame et le beurre par 20 cl de crème fraîche allégée. Dans ce cas, ajoutez la crème en même temps que la farine. Vous pouvez faire fondre le chocolat au four micro-ondes pendant 1 minute dans un récipient adapté avec 1 cuillerée à soupe d'eau.

Préparation : 15 minutes | Cuisson : 15 minutes | Réalisation : très facile | Coût : bon marché

Laissez-vous fondre de plaisir... avec ces gâteaux très peu cuits d'une onctuosité extrême. Le gingembre confit allié au chocolat est un délice incomparable...

› Mon astuce

Pensez à bien beurrer les ramequins et à les saupoudrer de farine, puis retournez-les pour répartir et faire tomber l'excédent de farine. Vous pouvez utiliser un moule en silicone à six alvéoles. Le silicone refroidissant rapidement, il est facile à démouler.

Quatre-quarts *chocolat et crème anglaise*

Ingrédients
(pour 4 à 6 personnes)

Pour le quatre-quarts

- 3 œufs
- 200 g de farine
- 200 g de beurre
- 180 g de sucre
- 150 g de chocolat
- 1 paquet de levure chimique

Pour la crème anglaise

- 1 litre de lait
- 6 jaunes d'œufs
- 1 gousse de vanille
- 150 g de sucre

1 Coupez le chocolat et le beurre en dés et faites-les fondre au micro-ondes. Dans un saladier, battez les œufs en omelette.

2 Ajoutez le sucre et fouettez jusqu'à l'obtention d'une mousse. Préchauffez le four à 180 °C (th. 6). Ajoutez la farine et la levure. Fouettez à nouveau. Incorporez le mélange beurre-chocolat.

3 Beurrez un moule à cake et versez-y la préparation. Enfournez entre 35 et 40 minutes. Préparez la crème anglaise : portez le lait à ébullition avec la gousse de vanille fendue en deux.

4 Faites bouillir 1 minute, baissez le feu et laissez cuire 3 minutes supplémentaires. Battez les jaunes d'œufs avec le sucre. Retirez la vanille et versez le lait sur le mélange œufs-sucre.

5 Remettez le tout dans la casserole et faites épaissir sans cesser de remuer une dizaine de minutes. Laissez refroidir avant de servir.

› Ma variante

Le parfum classique de la crème anglaise est la vanille en gousse. Vous pouvez la remplacer par du sucre vanillé, de l'extrait de vanille liquide, 1 zeste de citron ou d'orange, 2 cuillerées à soupe de caramel liquide versé dans le lait bouillant ou 1 cuillerée à soupe de liqueur.

Préparation : 25 minutes | Cuisson : 40 minutes | Réalisation : très facile | Coût : bon marché

Toutes les variations autour du gâteau au chocolat sont les bienvenues. Ici le simplissime quatre-quarts dévoile son parfum tout en onctuosité.

› Mon astuce

Pour éviter d'avoir à beurrer un moule et de rajouter de la matière grasse, les moules souples en silicone sont idéaux. Si la crème n'est pas homogène et forme des grumeaux, retirez-la du feu dès qu'elle arrive au point d'ébullition, faites-la refroidir dans un saladier et fouettez-la de façon très énergique. Pour obtenir une crème anglaise plus épaisse, vous pouvez augmenter le nombre de jaunes d'œufs (jusqu'à 10 par litre de lait). Si vous la voulez plus légère, ajoutez-lui 15 cl de crème fleurette.

Cake *aux pistaches et carrés chocolat*

Ingrédients
(pour 4 à 6 personnes)

- 150 g de farine de châtaigne
- 3 œufs
- 180 g de beurre mou
- 150 g de sucre glace
- 130 g de pistaches non salées
- 130 g de chocolat noir
- 1/2 paquet de levure chimique
- sel

1 Travaillez le beurre mou en pommade. Ajoutez le sucre glace, 1 pincée de sel et les œufs un à un. Mélangez au fur et à mesure.

2 Ajoutez la farine et la levure, continuez de travailler la pâte à la cuillère en bois jusqu'à obtention d'un mélange homogène.

3 Concassez très grossièrement les pistaches à l'aide d'un couteau ou dans un robot. Ajoutez-les à la pâte. Beurrez et farinez un moule à cake. Versez 1/4 de la préparation.

4 Préchauffez le four à 180° C (th. 6). Coupez le chocolat noir en carrés et répartissez-les sur la pâte. Recouvrez du reste de pâte.

5 Enfournez 45 à 50 minutes. Si le cake colore trop vite, couvrez-le d'une feuille de papier aluminium en cours de cuisson. Laissez tiédir avant de démouler. Servez en tranches, tiède ou froid.

› Ma variante

Pour un cake marbré pistaches, chocolat : 3 œufs, 120 g de sucre, 160 g de farine, 1/2 sachet de levure chimique, 50 g de pâte de pistache, 6 cl de lait, 80 g de chocolat noir, 2 cuil. à soupe de pistaches vertes Préchauffez le four à 180° C (th. 6). Portez le lait avec la pâte de pistache à ébullition, mélangez et laissez refroidir. Dans un saladier, battez les œufs avec le sucre. Mélangez la farine avec la levure et ajoutez-les petit à petit au mélange œuf-sucre. Faites fondre le beurre et ajoutez-le. Remuez. Divisez en deux la pâte dans deux saladiers. Faites fondre le chocolat. Versez le chocolat fondu dans un des saladiers. Remuez. Dans l'autre, mettez les pistaches, le mélange lait-pâte de pistache refroidi. Mélangez. Beurrez un moule à cake, mettez la pâte au chocolat, puis la pâte à la pistache. Faites cuire 40 minutes. Laissez tiédir avant de démouler.

Préparation : 20 minutes | Cuisson : 45 minutes | Réalisation : très facile | Coût : bon marché

Un cake étonnant, original et des plus savoureux : imaginez un cake à la farine de châtaigne, aux pistaches et au chocolat très fondant. On n'en dira pas plus, testez-le sans attendre !

› Mon marché

Vous trouverez la farine de châtaigne au rayon farines ou au rayon bio des grandes surfaces.

Muffins *aux framboises et noix de coco*

Ingrédients
(pour 12 muffins)

- 300 g de framboises
- 170 g de farine
- 70 g de Maïzena
- 60 g de noix de coco
- 1/2 sachet de levure
- 2 œufs
- 100 g de sucre
- 100 g de yaourt nature
- 10 cl d'huile
- 12 caissettes en papier

1 Préchauffez le four à 180 °C (th.6). Placez les caissettes en papier dans un moule à alvéoles conçu pour réaliser des muffins.

2 Dans un saladier, mélangez la farine, la Maïzena, la levure et la noix de coco en conservant 1 cuillerée à soupe de noix de coco pour décorer.

3 Dans une assiette creuse, écrasez la moitié des framboises avec une fourchette. Dans un autre récipient, mélangez les œufs et le sucre, puis ajoutez le yaourt et l'huile d'olive.

4 Incorporez les framboises écrasées dans le mélange œufs et sucre. Versez cette préparation dans le saladier avec la farine et ajoutez le reste des framboises. Mélangez prestement.

5 Versez la pâte dans les caissettes aux deux tiers. Laissez cuire 20 minutes. Sortez les muffins, saupoudrez-les de noix de coco et laissez-les reposer 5 minutes avant de les démouler.

› Mon astuce

La réussite des muffins tient à la rapidité d'exécution : les ingrédients secs et humides doivent se mélanger rapidement, sans trop travailler la pâte, sinon les muffins seront secs et lourds. Les caissettes permettent une jolie présentation, mais ne sont pas indispensables. À la place, il vous suffit de beurrer les alvéoles de votre moule, quelle qu'en soit la matière : métal ou silicone. Le four doit être bien préchauffé. N'ouvrez pas la porte du four avant la fin de la cuisson : les muffins ne gonfleraient pas bien.

Préparation : 15 minutes | *Cuisson : 20 minutes* | *Réalisation : très facile* | *Coût : bon marché*

Voici de beaux muffins gourmands « spécial filles », roses, voilés de blanc, parfaits pour faire la fête.

› Ma variante

Préparez une crème fruitée pour accompagner les muffins : mélangez 200 g de mascarpone, 3 cuil. à soupe de sucre, 1 sachet de sucre vanillé et 5 cuil. à soupe de framboises écrasées. Mélangez bien et réservez au frais.

Gâteau *à la ricotta et aux abricots*

Ingrédients
(pour 4 personnes)

- 150 g de ricotta
- 2 œufs
- 200 g d'abricots secs
- 200 g de sucre
- 100 g de beurre
- 250 g de farine
- 1 sachet de levure chimique
- le zeste de 1 citron
- 1 cuil. à soupe de Cointreau
- 1/2 cuil. à café de poudre de vanille

1 Préchauffez le four à 180 °C (th. 6). Dans une casserole, faites bouillir un verre d'eau. Hors du feu, ajoutez 20 g de sucre et le zeste de citron.

2 Couvrez et laissez reposer 30 minutes. Égouttez les abricots et mixez-les au robot avec le zeste de citron, jusqu'à l'obtention d'un mélange homogène.

3 Faites fondre légèrement le beurre, mettez-le dans un saladier, fouettez-le avec le sucre et la vanille. Ajoutez les œufs, continuez de fouetter. Ajoutez la farine, la levure et la ricotta.

4 Fouettez et versez la préparation dans un moule à manqué beurré. Versez par-dessus la crème d'abricots. Mettez au four 20 minutes, couvrez de papier aluminium et remettez au four 25 minutes.

5 Le gâteau est cuit quand la lame d'un couteau en ressort sèche. Laissez-le refroidir avant de démouler, puis laissez-le complètement refroidir avant de le servir.

› Mon marché

Selon les régions et le climat, la ricotta est fabriquée avec du lait de chèvre, de brebis ou de vache ou, plus rarement, de bufflonne. Elle est obtenue à partir du petit-lait récupéré lors de la fabrication d'autres fromages comme le provolone ou le pecorino, puis réchauffé, afin que se forme un nouveau caillé. C'est ce procédé qui lui vaut son nom – « recuit » en italien. Vous trouverez la ricotta au rayon des fromages des grandes surfaces, conditionnée dans des boîtes de plastique.

Préparation : 20 minutes | *Repos : 30 minutes* | *Cuisson : 45 minutes* | *Réalisation : très facile* | *Coût : bon marché*

Un dessert facile et bon marché, qui change des gâteaux traditionnels. La riccota, un fromage frais italien à la douce saveur de lait et au goût délicat, donne à ce gâteau toute sa légèreté.

› Mon astuce

Vous pouvez relever une ricotta de quelques herbes fraîches et d'un filet d'huile d'olive pour la servir en fin de repas, l'incorporer à diverses sauces de pâtes, ou encore l'ajouter à une garniture de tarte sucrée ou salée.

Gâteau *retourné à l'ananas*

Ingrédients
(pour 4 personnes)

1 boîte d'ananas au sirop

4 œufs

150 g de sucre

200 g de farine

180 g de beurre

1 sachet de levure alsacienne

Pour le caramel

20 g de beurre salé

8 morceaux de sucre

1 cuil. à soupe de sirop d'ananas

1 Préparez le caramel : dans une casserole, faites fondre les morceaux de sucre avec 1 cuillerée de sirop, ajoutez le beurre et remuez.

2 Lorsque le caramel prend une teinte acajou, versez-le dans un moule à manqué. Égouttez les tranches d'ananas et répartissez-les sur le caramel légèrement refroidi. Préchauffez le four à 180 °C (th. 6).

3 Préparez la pâte : faites ramollir le beurre quelques instants au four à micro-ondes, sans le laisser fondre. Mettez-le ensuite dans une jatte.

4 Travaillez le beurre à la spatule en bois. Ajoutez le sucre et remuez jusqu'à l'obtention d'un mélange onctueux. Ajoutez les œufs un à un, puis la levure et la farine. Remuez bien.

5 Versez la pâte sur les ananas et enfournez 40 minutes. Vérifiez la cuisson avec la pointe d'un couteau, qui doit ressortir sèche.
À la sortie du four, attendez 15 minutes avant de démouler.

› Ma variante

Vous pouvez faire cette recette avec des pommes. Si vous n'avez pas le temps ou l'envie de faire un caramel, ce n'est pas bien grave. Préparez la pâte à gâteau, comme dans la recette, coupez les tranches d'ananas en morceaux et incorporez-les à la pâte. Beurrez généreusement un moule à manqué, versez-y la préparation et enfournez. Une fois que le gâteau est cuit, démoulez-le et arrosez-le de sirop d'ananas. Servez tiède.

Préparation : 20 minutes | *Cuisson : 45 minutes* | *Réalisation : très facile* | *Coût : bon marché*

Léger, parfumé, moelleux et légèrement croustillant sur le dessus grâce au caramel, ce gâteau se réalise sans difficulté et convient aussi bien pour un goûter que pour un dessert sophistiqué.

› Mon astuce

Lorsque vous versez le caramel dans le moule, faites-le s'étaler très vite, car il fige en quelques secondes. Vous pouvez aussi préparer cette recette avec de l'ananas frais, mais les tranches, déjà sucrées par le sirop, conviennent mieux. Vous pouvez utiliser du sucre roux pour réaliser le caramel, ce qui donnera encore plus de croustillant. Selon vos goûts, ajoutez le zeste de 1 citron ou 1 cuillerée à soupe de rhum.

Cake à la banane *nappé de chocolat*

Ingrédients
(pour 4 personnes)

- 175 g de sucre
- 175 g de beurre
- 4 œufs
- 250 g de farine
- 1/2 sachet de levure chimique
- 5 cl de lait
- 3 bananes très mûres, presque noires

1 Préchauffez le four à 150 °C (th. 5).
Dans un saladier, mélangez le sucre et les œufs, que vous ajouterez un à un, jusqu'à ce que le mélange blanchisse.

2 Faites fondre le beurre au micro-ondes quelques secondes. Incorporez-le au mélange, remuez, puis versez le lait. Remuez à nouveau.

3 Retirez la peau des bananes et écrasez-les à la fourchette. Incorporez-les au mélange.
À part, mélangez la farine à la levure et ajoutez-les à la préparation.

4 Beurrez un moule à cake. Versez le mélange dans le moule et mettez au four 1 h 15.
Vérifiez la cuisson : le cake est cuit quand la pointe d'un couteau en ressort sèche.

5 Faites fondre les morceaux de chocolat 1 minute au micro-ondes avec 4 cuillerées d'eau : il doit être liquide et former une sauce.
Démoulez le cake et nappez-le de chocolat fondu.

› Ma variante

Si vous avez des bananes trop mûres, n'hésitez pas à faire un cake : c'est leur état idéal pour cette préparation. Vous pouvez confectionner un cake antillais. Partez de la recette de base de la pâte à cake, ajoutez les bananes écrasées et faites gonfler 100 g de raisins secs dans 3 cuillères à soupe de rhum brun pendant 30 minutes. Incorporez les raisins et le rhum au mélange, mettez au four le temps indiqué ci-dessus. Vous pouvez également couper les bananes en rondelles, les faire dorer dans du beurre à la poêle, les laisser caraméliser en les badigeonnant de sucre et les flamber au rhum avant de les intégrer à la pâte à cake.

Préparation : 20 minutes | Cuisson : 1 heure 15 | Réalisation : très facile | Coût : bon marché

Vous reprendrez bien un peu de ce délicieux cake ?
Tous les accros de l'association banane-chocolat n'en feront qu'une bouchée.

› Mon marché

Vous pouvez remplacer la tablette de chocolat par des pépites de chocolat que vous trouverez facilement au rayon pâtisserie.

Trifle *aux abricots*

Ingrédients
(pour 4 personnes)

200 g d'abricots

2 tranches de brioche

Pour la chantilly

10 cl de crème fleurette entière

1 cuil. à soupe de sucre glace

Pour la crème anglaise

10 cl de crème fleurette entière

10 cl de lait

2 jaunes d'œufs

50 g de sucre

1 gousse de vanille

1 Préparez la crème anglaise : versez le lait dans une casserole, fendez la gousse de vanille en deux et grattez-la au-dessus du lait. Portez à ébullition.

2 Battez les jaunes d'œufs au fouet, ajoutez le sucre et fouettez jusqu'à obtention d'un mélange mousseux. Retirez la gousse de vanille et versez le lait bouillant sur les jaunes.

3 Fouettez, reversez le tout dans la casserole et faites épaissir à feu doux sans cesser de remuer avec une cuillère en bois. La crème est prête lorsqu'elle nappe la cuillère. Réservez.

4 Montez la crème fleurette bien froide en chantilly, ajoutez la cuillerée de sucre glace. Mélangez la crème anglaise et la chantilly. Lavez les abricots, coupez-les en deux et dénoyautez-les.

5 Coupez les abricots et les brioches en dés. Tapissez quatre verrines de brioche et d'abricots, couvrez de crème et mettez au réfrigérateur 4 heures. Servez bien frais.

› Ma variante

Vous pouvez décliner les trifles dans tous les fruits de saison : pêches, fraises, framboises, pommes, poires, prunes, quetsches... Vous pouvez aussi prendre des fruits au sirop et imbiber les tranches de brioche de sirop avant de les disposer dans les verrines. Vous pouvez encore jouer sur le duo fruits frais-fruits secs et faire, par exemple, un trifle pommes-raisins secs.

Préparation : 20 minutes | Cuisson : 5 minutes | Réfrigération : 4 heures | Réalisation : très facile | Coût : bon marché

Ce dessert très british composé de brioche, de fruits de saison, de crème anglaise et de chantilly, est d'une onctuosité parfaite.

› Mon marché

Choisissez des abricots bien mûrs : ne vous fiez pas à leur belle couleur orangée mais plutôt à leur odeur. C'est un fruit relativement fragile, conservez-le deux ou trois jours au frais mais pas au réfrigérateur, car il risquerait de perdre sa saveur.

Poires *au chocolat et pain d'épices*

Ingrédients
(pour 4 personnes)

- 180 g de chocolat
- 150 g de pain d'épices
- 2 poires
- 1 citron
- 1 orange
- 4 œufs
- 10 g de beurre
- 1 cuil. à soupe de sucre

1 Coupez le pain d'épices en miettes. À l'aide d'un couteau économe, prélevez le zeste de l'orange. Pressez son jus. Dans un robot, mixez le pain d'épices et le jus d'orange.

2 Épluchez les poires, épépinez-les et coupez-les en dés. Faites fondre le beurre et faites caraméliser le sucre et les poires quelques minutes. Incorporez le pain d'épices mixé au jus d'orange.

3 Versez ce mélange dans des verrines et réservez au frais. Cassez les œufs en séparant les blancs des jaunes. Montez les blancs en neige. Faites fondre le chocolat coupé en dés au bain-marie.

4 Hors du feu, incorporez les jaunes d'œufs au chocolat, puis ajoutez délicatement les blancs. Prélevez le zeste du citron, hachez-le et ajoutez-le à la préparation au chocolat.

5 Recouvrez les poires au pain d'épices de mousse au chocolat et gardez au frais au moins 4 heures avant de servir.

› Ma variante

Pour des feuilletés aux poires et chocolat : 1 pâte feuilletée, 4 poires, 1 pincée de cannelle, 1 œuf, 100 g de chocolat noir, 1 brique de crème liquide, 20 cl de crème anglaise. Préchauffez le four à 210 °C (th. 7). Étalez la pâte feuilletée et coupez-la en quatre carrés. Épluchez les poires, retirez la queue et le cœur en les conservant entières. Disposez chacune d'elles sur un carré de pâte et saupoudrez-les de cannelle. Battez le jaune d'œuf avec un peu d'eau. Formez des aumônières de pâte, pincez les bords avec les doigts et badigeonnez-les de jaune d'œuf. Mettez les feuilletés sur la plaque du four couverte de papier sulfurisé et enfournez 20 minutes. Faites fondre le chocolat coupé en carrés au bain-marie, ajoutez la crème liquide et fouettez. Mettez un peu de crème anglaise dans le fond de chaque assiette. Dressez les aumônières et nappez de sauce au chocolat. Servez aussitôt.

Préparation : 15 minutes | Cuisson : 5 minutes | Réfrigération : 4 heures | Réalisation : très facile | Coût : bon marché

Un dessert facile à réaliser, tout en subtilité de saveurs : des poires caramélisées dans un jus d'orange et des miettes de pain d'épices couvertes de mousse au chocolat aérienne à souhait.

Sabayon *aux 2 fruits*

Ingrédients
(pour 4 personnes)

- 4 jaunes d'œufs
- 50 g de sucre en poudre
- 10 cl de jus de pomme
- 1 orange non traitée
- 3 cuil. à soupe de jus de citron
- 1 bâton de cannelle
- 1 cm de gingembre
- sel, poivre

Pour les pommes

- 5 pommes
- 3 cuil. à soupe de jus de citron
- quelques gouttes d'arôme de vanille
- 50 g de sucre en poudre
- 60 g de beurre
- 2 tranches de pain d'épices

1 Fouettez les jaunes d'œufs avec le sucre. À l'aide d'un couteau économe, prélevez le zeste de l'orange et hachez-le. Pelez le gingembre et hachez-le.

2 Dans une casserole, portez à ébullition le jus de pomme, le jus de citron, la cannelle, le gingembre et le zeste d'orange. Versez la moitié des jaunes d'œufs et fouettez.

3 Ajoutez le reste des jaunes et continuez de fouetter à feu moyen : le sabayon doit épaissir tout en restant léger. Il est cuit quand une trace apparaît lorsqu'on soulève le fouet.

4 Préchauffez le gril du four. Épluchez les pommes, épépinez-les, coupez-les en cubes et mettez-les dans un saladier avec le jus de citron, le sucre et la vanille. Faites-les dorer dans du beurre.

5 Ajoutez le pain d'épices coupé en dés. Mettez les pommes dans des plats à gratin, couvrez-les de sabayon et faites-les dorer quelques instants. Servez chaud.

› Ma variante

Pour un sabayon tout simple, il vous faut : 4 jaunes d'œufs, 25 cl de vin blanc doux, 70 g de sucre en poudre. Fouettez les jaunes d'œufs avec le sucre jusqu'à ce que le mélange devienne mousseux. Ajoutez le vin blanc et fouettez de nouveau. Mettez ce saladier dans une grande casserole à moitié remplie d'eau. Portez à ébullition et faites épaissir la crème au bain-marie, sans jamais cesser de fouetter, pendant 10 à 15 minutes, jusqu'à ce que le sabayon devienne une mousse tiède et aérienne. La crème est prête quand elle reste « attachée » au fouet lorsqu'on le soulève. Versez dans des grands verres à pied, décorez de quelques framboises ou de quelques fraises et servez tiède.

Préparation : 20 minutes | Cuisson : 10 minutes | Réalisation : très facile | Coût : bon marché

Le sabayon est une crème à laquelle on incorpore quelques fruits. Le tout est légèrement passé sous le gril du four pour un effet croquant sur le dessus et fondant au cœur.

Panna cotta *chocolat coco au kiwi*

Ingrédients
(pour 4 personnes)

- 40 cl de lait de coco
- 200 g de chocolat blanc pâtissier
- 2 feuilles de gélatine
- 2 cuil. à soupe de sucre
- 2 gousses de cardamome
- 3 kiwis

1 Faites ramollir la gélatine dans un bol d'eau froide. Pendant ce temps, faites chauffer le lait de coco dans une casserole à feu doux.

2 Fendez les gousses de cardamome et mettez-les à infuser dans le lait de coco chaud. Retirez la casserole du feu et couvrez.

3 Hachez le chocolat blanc. Retirez les gousses de cardamome et ajoutez les feuilles de gélatine égouttées dans le lait de coco chaud.

4 Ajoutez le chocolat blanc râpé au lait de coco. Laissez refroidir en remuant de temps en temps. Versez la panna cotta dans des verrines avant qu'elle ne prenne. Placez 3 heures au frais.

5 Avant de servir, épluchez les kiwis. Mixez-les avec le sucre et répartissez ce coulis sur la panna cotta. Servez aussitôt.

› Ma variante

Vous pouvez supprimer l'arôme de cardamome si vous désirez profiter pleinement du parfum chocolat et coco. Ou au contraire, ajouter une pincée de gingembre en poudre et un sachet de sucre vanillé, pour obtenir une crème au chocolat et aux épices. Il est possible de parfumer le coulis de kiwi avec une pincée de gingembre en poudre ou quelques gouttes de citron. Vous pouvez présenter ce dessert avec un coulis de mangues ou de fraises.

Préparation : 20 minutes | *Cuisson : 3 minutes* | *Réfrigération : 3 heures* | *Réalisation : très facile* | *Coût : bon marché*

Voici un joli dessert gourmand dont on vous reparlera !
Cette panna cotta est onctueuse grâce à l'ajout de chocolat blanc.
Le mariage capiteux chocolat et coco est relevé par l'acidité du coulis de kiwi.

› Mon astuce

Vous pouvez préparer les panna cotta la veille pour qu'elles soient bien prises. Afin de conserver les vitamines des kiwis, mixez-les juste avant le repas. Vous pouvez gélifier le coulis avec une feuille de gélatine préalablement ramollie dans l'eau tiède et l'ajouter aux fruits mixés. Dans ce cas, versez le coulis sur la panna cotta prise et laissez au réfrigérateur le temps que le coulis se gélifie.

Fraises *aux deux chocolats*

Ingrédients
(pour 4 personnes)

- 500 g de fraises
- 250 g de chocolat noir pâtissier
- 100 g de chocolat blanc pâtissier
- 1 cuil. à soupe d'huile de tournesol

1 Nettoyez les fraises avec un pinceau en les tenant par la queue ou faites-les rouler délicatement sur un torchon propre.

2 Coupez le chocolat noir en carrés et mettez-le dans un saladier. Faites-le fondre au four à micro-ondes à plusieurs reprises 30 secondes en remuant à chaque fois avec un fouet.

3 Lorsque le chocolat est homogène, ajoutez l'huile et fouettez. Avec une spatule, étalez le chocolat sur une feuille de papier sulfurisé et faites rouler les fraises dessus en les maintenant par la tige.

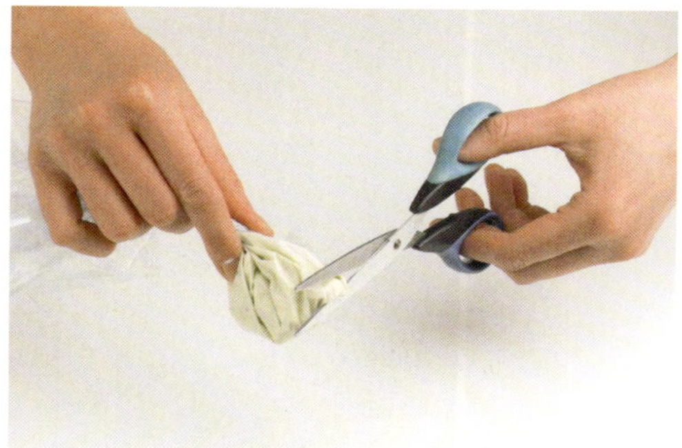

4 Faites fondre le chocolat blanc au bain-marie. Mettez-le dans une poche à douille ou un sac congélation que vous couperez sur un angle.

5 Faites des rayures de chocolat blanc sur les fraises chocolatées. Laissez reposer 1 heure à température ambiante à même le papier sulfurisé.

› Mon marché

Achetez des fraises d'un calibre moyen et si possible de même taille pour une belle présentation. Elles doivent être mûres à point et parfaitement saines, avec le pédoncule bien vert et ferme. Choisissez des fraises parfumées. Vous pouvez utiliser du chocolat pâtissier en pépites ce qui vous évitera de le hacher.

Préparation : 10 minutes | Cuisson : 1 heure | Réalisation : très facile | Coût : bon marché

Ces fraises enrobées d'une fine couche de chocolat noir et décorées de chocolat blanc sont aussi décoratives que craquantes. Un dessert qui enchantera les enfants.

› Mon astuce

Le chocolat ne colle pas au papier sulfurisé : laissez-y refroidir les fraises enrobées de chocolat. Les fraises doivent être bien sèches pour que le chocolat adhère. Vous pouvez aussi tremper les fraises directement dans le saladier de chocolat, mais l'aspect sera moins lisse et plus épais. Vous l'aurez compris, le sac de congélation contenant le chocolat blanc sert de douille.

Crèmes à l'orange *et copeaux de chocolat*

Ingrédients
(pour 8 cuillères)

- 1 œuf entier
- 3 jaunes d'œufs
- 40 g de sucre
- 80 g de chocolat blanc
- 50 g de beurre
- 8 cl de jus d'orange concentré
- 4 carrés de chocolat noir

1 Dans un saladier, fouettez l'œuf entier avec les jaunes, ajoutez le sucre et fouettez jusqu'à ce que le mélange blanchisse.

2 Dans une petite casserole, faites chauffer le jus d'orange et ajoutez-le au mélange œufs-sucre. Faites cuire quelques minutes jusqu'à ce que le mélange épaississe.

3 Coupez le beurre en petits dés et ajoutez-le dans la casserole. Incorporez le chocolat blanc coupé en morceaux. Sans cesser de remuer, laissez fondre l'ensemble quelques minutes.

4 Réservez au frais 1 heure au moins. Avant de servir, prélevez des copeaux de chocolat noir à l'aide d'un couteau économe.

5 Juste avant de servir, versez la crème à l'orange dans des petites cuillères de présentation, disposées dans un plat de service. Saupoudrez de copeaux de chocolat.

› Ma variante

Une autre idée de dessert à la cuillère simplissime, aux saveurs de dolce vita. Optez pour des meringues italiennes citron-framboise. Cassez 2 blancs d'œufs dans la cuve d'un robot. Fouettez. Dans une petite casserole, faites chauffer 100 g de sucre avec un fond d'eau. Ne confectionnez pas un caramel, arrêtez la cuisson juste avant coloration. Battez à nouveau les blancs en neige et ajoutez le sucre fondu. Râpez le zeste de 1 citron et ajoutez-le. Battez le temps de faire une meringue. Formez des quenelles de meringue et déposez-les dans des cuillères avec une framboise par-dessus.

Préparation : 15 minutes | Cuisson : 10 minutes | Réalisation : très facile | Coût : bon marché

Pourquoi ne pas présenter autrement des crèmes que l'on a coutume de déguster dans des petits ramequins ? Un dessert des plus simples qui prendra instantanément un air de fête.

› Mon astuce

Si vous n'avez pas de petites cuillères, multipliez les proportions par deux et remplissez de crème des petits verres à vodka ou à thé, parsemez de copeaux de chocolat et piquez dedans une cigarette russe.

Index